Jochen Jülicher

Der liebe Gott ist auch schon
ausgetreten

Jochen Jülicher

der liebe gott ist auch schon ausgetreten

Argumente für alle, die lebendig glauben wollen

KÖSEL

Copyright © 2009 Kösel-Verlag, München,
in der Verlagsgruppe Random House GmbH
Umschlag: 2005 Werbung, München
Umschlagmotiv: Johann Mayr, Jetzendorf
Druck und Bindung: GGP Media GmbH, Pößneck
Printed in Germany
ISBN 978-3-466-36857-0

Weitere Informationen zu diesem Buch und unserem
gesamten lieferbaren Programm finden Sie unter
www.koesel.de

Inhalt

Vorwort: Es geht auch ohne

Was passiert, wenn man aus der Kirche austritt? Der Vorgang ist schnell geschildert, aber was spielt sich dabei innerlich ab? Und wie kommt man dann weiter? Es kann doch nicht sein, dass mit dem Austritt auch der Glaube verschwindet. Andererseits wird ein Glaube, der sich nicht irgendwie konkret manifes-tiert, es schwer haben zu überleben. Wie also kann ich glauben ohne eine Kirche, wie es sie momentan hier in Deutschland gibt? Vielleicht ist es möglich, neue Elemente und Ausdrucksformen zu entwickeln und zu benennen, an die ich heute noch glauben kann. Vielleicht kann man so auch einige Grundbegriffe des Glaubens neu klären und zu einem geänderten, sozusagen alltagstauglichen Verständnis kommen.

Das will dieses kleine Buch leisten: beschreiben, was »danach« kommt und einige Elemente benennen, wie denn eine erneuerte Kirche aussehen könnte. Vor allem soll einfach mal erörtert werden, woran man denn heute noch glauben kann, oder besser: woran ich denn heute noch glauben kann, um damit Anregungen und Raum zu geben für andere Erfahrungen. Im Bewusstwerden dessen, was man letztlich noch wirklich glauben kann, steckt ein großes Potenzial, das den Mut zu konkreten Schritten fordert.

Dies ist kein Theologenbuch, sondern eines für Menschen, die suchen, die (immer noch) an etwas glauben, auch wenn sie vielleicht nicht ganz genau wissen, an was und wie. Aber eines ist für sie sicher: Die Kirche in ihrer heutigen Form kann ihre Fragen nicht mehr glaubwürdig beantworten. Es ist die Suche danach, wie man als gläubiger Mensch ohne diese Form institutionalisierter Kirche leben kann, ohne damit auch innerlich alles aufzugeben, was einem lieb und wichtig ist. Ich will keine neue Kirche gründen, aber ich will auch mit der alten so nicht mehr weiterleben, weder mit der mir angestammten katholischen noch mit der protestantischen. Dafür gibt es gute Gründe. Die werde ich in diesem Buch darlegen. Übrigens ohne Bitterkeit, wohl aber an mancher Stelle mit einem klaren Blick für die Realitäten »hinter den Kulissen«, soweit ich im Lauf der Jahre einen Einblick bekommen habe. Manchmal auch ein bisschen frech und provozierend.

Die Grundintention dieses Buches ist jedoch positiv. Ich will aus eigener Erfahrung heraus allen Mut machen, die drauf und dran (oder schon dabei) sind, neue Wege zu gehen, sich aus dem vertrauten Glaubenskontext zu lösen, von ihrer früheren geistlichen Heimat, sei sie nun katholischer oder protestantischer Konfession. Kirche und Glaube sind nun mal nicht identisch – manchmal kann man den Eindruck haben, es sind regelrecht zwei Paar Schuhe. Wie kann ich denn dann noch glauben, beten, meinen Kindern eine Orientierung geben, eine mir passende Spiritualität entdecken und leben, ohne dass sie im Alltag verflacht? Viele können das, was die Kirche lehrt, längst nicht mehr wirklich glauben. Der Austritt, so viel steht fest, wird innerlich schon von wesentlich mehr Menschen gelebt, als die Statistiken registrieren, denn viele sind formal noch in der Kirche, aber es fehlt ihnen der Mut sowie Alternativen, dies zu verändern.

Es täte der heutigen Kirche gut, materiell wie inhaltlich, wenn Menschen, die so mit der Kirche nicht mehr weiterkommen, den nächsten Schritt wagten. Wie so etwas geht und wohin es führen kann, das wird in diesem Buch beschrieben. Und vielleicht bringt es die »offizielle« Kirche endlich in Bewegung, wenn sie materiell weniger reich ist und sich auf ihren inneren Reichtum, ihr gewaltiges spirituelles Erbe besinnt.

Den Abschluss des Buches bildet die Erläuterung einiger Grundbegriffe gläubigen Lebens, denen man immer wieder begegnet. Ich möchte sie so beschreiben und zugänglich machen, dass man damit auch im Alltag etwas anfangen kann. Dieses Kapitel habe ich »Wörterbuch für verlorene Schäfchen« genannt.

**aus der kirche
austreten? – erster stock,
zimmer 114!**

Beim Bonner Amtsgericht

Drei Jahre hatte ich gebraucht, den Entschluss in die Tat umzusetzen. Jetzt war es soweit, es war im August, ein Sonntag, und ich war fest entschlossen: Morgen gehe ich zum Amtsgericht hier in Bonn, wo ich damals wohnte, und trete aus der Kirche aus. Doch es ist kaum zu glauben, wie schwer einem solch ein Entschluss fallen kann! Schließlich ist es – zumindest im eigenen Erleben – nicht einfach ein »Vereinsaustritt«. Es ist tatsächlich eine Herzensangelegenheit, ein Abschied aus einer angestammten Heimat, von dem, was ich im Grunde bis dahin für richtig und wichtig gehalten hatte, auch wenn die Zweifel immer stärker wurden, aber das Fundament war doch nie in Frage gestellt. Und es ist auch der Abschied aus einer kindlichen Geborgenheit, aus einer Kindheitsidylle, bedeutet also auch ein bisschen mehr erwachsen sein.

So stand ich dann da, unten beim Pförtner im Bonner Amtsgericht. »Guten Morgen, ich möchte aus der Kirche ...« Ich war noch nicht fertig, da rief es hinter der Scheibe: »Zimmer 114, erster Stock!«, und eine Handbewegung deutete in Richtung Treppenaufgang.

Der Ton des Pförtners wollte so gar nicht zu dem passen, was sich in mir abspielte. Ein Montagmorgen ist vielleicht nicht besonders geeignet für einen wehmütigen Abschied und heftige Gefühle. So direkt und geradeheraus, wie es mir hier begegnete, brauchte es jedoch auch nicht zu sein. Schließlich hatte ich schweren Herzens eine Entscheidung getroffen, die ich heute Morgen mit Blei in den Schuhen umzusetzen trachtete. Gehorsam trabte ich hinauf in den ersten Stock. Langer Gang, Amtsatmosphäre. Zimmer 114, Klopfen an der Tür und im Herzen. Kein »Herein«, ich drückte trotzdem die Klinke herunter. Drinnen in der Amtsstube zwei Angestellte, die kurz aufblickten. »Sie möchten austreten?« Ein Formular wurde in eine Schreibmaschine eingespannt. Komisch, kein Computer, dachte ich noch, bevor Fragen nach den persönlichen Daten wasserfallartig über mich hereinbrachen. Personalausweis: Name, Wohnort, Straße, bisherige Religionszugehörigkeit. Dann die Frage, wann und wo ich getauft worden sei. Es wollte mir nicht einfallen. Zu jedem anderen Zeitpunkt hätte ich es vermutlich gewusst. Doch in meinem Kopf herrschte Leere. »Ich bin mir nicht mehr sicher, es war, glaube ich, in ...« »Wir lassen das offen«, meinte der Herr an der Schreibmaschine, zog mit routinierten Bewegungen das Formular aus der Walze und legte es mir mit Schwung auf den Tresen: »Hier unten rechts unterschreiben bitte. Sie sind damit mit dem heutigen Tag aus der Kirche ausgetreten, fiskal aber erst zum Monatsende.« Ich unterschrieb wortlos. Einen Durchschlag bekam ich mit, das Original wanderte auf einen Stapel von schätzungsweise zehn bis fünfzehn gleichartigen Anträgen. »Ob die alle schon von heute stammen?«, fragte ich mich, aber sie waren wohl noch vom Freitag da, denn für Montag um halb elf war es dann doch ein bisschen viel.

Das war's, ich konnte gehen, kein Händedruck, kein Abschiedswort, keine Ansprache, kein Ausdruck des Bedauerns – rein gar nichts. Ich ging. Das ortsübliche rheinische »Tschööö« kam mir nur ansatzweise über die Lippen.

Ich war ausgetreten, es hatte keine drei Minuten gedauert. Irgendwie unwirklich, was da geschehen war. Es stand absolut in keinem Verhältnis zu dem, was ich mir an Gedanken gemacht hatte, wie ich mich tage- und vor allem nächtelang gequält hatte, dann, wenn die Macht der kontrollierten Gedankengänge über das Gefühl und die Fantasie nachlässt. Es war geschehen – kein Hahn, der dreimal krähte, nichts. Es krähte sprichwörtlich kein Hahn danach. Auch in den nächsten Tagen und Wochen nicht: kein Brief von der örtlichen Pfarrgemeinde, kein Besuch vom Pastor, kein Anruf aus dem Generalvikariat. Immerhin war ich doch Priester gewesen. Nichts. Das war's dann.»Der Nächste bitte!«

Inzwischen hat man vonseiten der Landesregierung den Kirchenaustritt etwas erschwert: Man wird in einigen Bundesländern mit etwa 30 € bis 50 €»Verwaltungsgebühr« zur Kasse gebeten, wenn man austritt – übrigens ein Unikum, dass man beim Austritt aus einer Vereinigung zahlen muss, sind doch Eintrittsgebühren eher üblich. Das riecht ein ganz klein wenig nach staatlicher Protektion für die Kirche. In Bonn geht man also heutzutage erst zur Gerichtskasse, die sich im selben Gebäude befindet, dann mit den entsprechenden Wertmarken zur Kirchenaustrittsstelle, dort alles Weitere wie oben beschrieben – inzwischen aber dann doch schon mit Computer.

Oh je, die Angst

Über Wochen und Monate hatte ich mir Gedanken gemacht, wie das wohl sei, wenn ich tatsächlich auch förmlich aus der Kirche austrete. Mein Leben lang war ich doch katholisch gewesen, war erst Lehrer und dann nach Jahren sogar Priester geworden, nachdem ich viele Jahre in einer katholischen Gemeinschaft in Holland gelebt und dann an der Universität auch noch Theologie studiert hatte, mit Begeisterung und cum laude zum Abschluss, die Diplomurkunde in großen geschwungenen Schriftzügen, in lateinischer Sprache verfasst.

Jetzt ertappte ich mich plötzlich bei Vorstellungen, dass ich womöglich auf dem Weg zum Amtsgericht einen Unfall haben würde oder dass die Zahl meiner Arbeitsaufträge zurückgehen würde. Ängstlich betrachtete ich in den Wochen davor und danach die Auftragsstatistik, die ich in meinem Computer führe. Tatsächlich war auf einmal, Ende August / Anfang September, das Auftragsvolumen etwas zurückgegangen, saisonüblich, wie ich inzwischen weiß. Ob der liebe Gott mich straft, weil ich gegangen bin? Ich hatte tatsächlich Angst. Da hatte ich aus Überzeugung und zugleich mit dem Mut der Verzweiflung ganz neue Wege eingeschlagen, und jetzt beim formalen i-Tüpfelchen begannen mir die Knie zu schlottern. Man mag es gar nicht glauben, aber es hat wirklich einige Zeit gedauert, bis ich mich nach und nach von derartigen tief eingeprägten Vorstellungen befreien konnte. Und wenn ich jetzt plötzlich sterbe, komme ich dann in die Hölle? Eigentlich konnte ich damit noch nie etwas anfangen, aber jetzt auf einmal stiegen die Gedanken wie

Gespenster in meiner Fantasie auf. Wie prägend ist doch das Bild eines strafenden Gottes, das einem als Kind vermittelt wurde. Ich hätte es nie für möglich gehalten, wie lange solch ein Einfluss anhält, und das, obwohl ich so viel reflektiert und zudem einiges an Wissen gesammelt hatte. Es half nichts, zumindest im ersten Moment nicht. Für einen Augenblick (und der dauerte einige Wochen) stand ich wieder wie der kleine Junge vor dem großen Gott und hatte etwas getan, wovon ich wusste, dass die heilige Mutter Kirche es nicht billigte. Es war das letzte Mal, dass ich so dastand, und heute bin ich froh, dass ich diese Gefühle noch einmal profund erlebt habe, um sie wirklich abzulegen.

Erst mal gar nix!

Eigentlich hätte ein großes Loch da sein müssen nach dem Austritt, zumindest hatte ich das in meiner Ängstlichkeit ein bisschen so erwartet. Aber davon war vorerst nichts zu spüren. Ich bin joggen gegangen – das war nicht geplant, es hat sich so ergeben. Mir taten die Knie zu Beginn unheimlich weh, und so ging ich zum Arzt. »Sie waren zu viel auf den Knien«, meinte der Orthopäde etwas süffisant bei der Untersuchung und in Anbetracht meiner frommen Vergangenheit. Tatsächlich waren wir in unserer Gemeinschaft während der Gebetszeiten dreimal am Tag immer wieder auf dem Boden gehockt, kniend und auf den Hacken sitzend. Erst später hatte ich mir ein kleines Bänkchen gezimmert, das die Last etwas besser verteilte. Bänkchen galten bei uns eine Zeit lang als ein Zeichen für Alter, und für so etwas war ich natürlich noch viel zu jung. Regelrecht kaputt gebetet waren also die Knie. Der Orthopäde riet zur Vorsicht, am besten nicht zu viel bewegen, schon gar nicht bergab. Welch ein tiefschürfender und weiser Ratschlag, nicht nur, was meinen Körper betraf! Aber das Joggen tat mir gut, und die Kontakte im Lauftreff wollte ich auch nicht missen. Jemand meinte, man könne auch durch die Schmerzen hindurchlaufen, die Gelenke würden sich mit der Zeit durch die Bewegung wieder schmieren. Er hatte Recht. Nicht dass meine Knie an sich so interessant wären, dass ich hier darüber berichten müsste, aber was ich in diesem Zusammenhang körperlich erlebte, das war eine ziemlich genaue Abbildung dessen, was sich in meiner Seele abspielte. Ich bin froh, dass ich weitergelaufen bin, bergauf und bergab, dass ich nicht stillgestanden bin. Es dauerte seine Zeit, bis es ein bisschen mehr »wie geschmiert« ging, aber es war so. Und es tat mir gut.

Beten? Erst einmal nicht, erst einmal Ruhe auf dem Gebiet, »schaun mer mal«, was kommt. In den drei Jahren bis jetzt, von der Amtsaufgabe bis zum Kirchenaustritt, war es so turbulent zugegangen, dass ich eigentlich sowieso nicht zur Besinnung gekommen war. Ich musste dafür sorgen, dass Brot auf den Tisch kam, und zwar auf meinen, ganz profan, und das am besten in Verbindung mit einer einigermaßen sinnvollen Arbeit. Das war gelungen, ich hatte sozusagen die Kurve gekriegt und gottlob (bitte entschuldigen Sie diesen Ausdruck) nicht gekratzt. Um meine Freizeit auszufüllen und weil ich gerne singe, mich aber nun nicht gerade irgendeinem

Männer- oder gar Kirchenchor anschließen mochte, bin ich in einen Gospelchor gegangen. Nicht wegen der Texte oder der Frömmigkeit, sondern wegen des Peps, wegen der Bewegung und wegen der Leute. Wenn man nämlich im Arbeitsbereich sehr kämpfen muss, kann man innerlich und äußerlich leicht vereinsamen. Was mich betrifft: Priester überhaupt sind oft einsam. Und die Einsamkeit wird nicht dadurch erträglicher, dass sie sozusagen heiliggesprochen wird. Man mag dies abtun als etwas, das speziell für geweihte Amtsinhaber gilt, zumal auf katholischer Seite. Aber die Kollegen auf protestantischer Seite haben, man sollte es kaum glauben, so ziemlich die höchste Scheidungsquote von allen Berufsgruppen. Und mir scheint, dass etwas von dieser Einsamkeit im System steckt, dass kirchlich gelebtes Christentum in der heutigen Art und Weise nicht zu mehr *Gemeinschaft*, sondern zu mehr *Abschottung* führt. Einsame Menschen sind zudem leichter zu regieren, das weiß man durchaus in den Generalvikariaten und in Rom und in Berlin.

Das Singen im Gospelchor war für lange Zeit so ziemlich das Einzige, was in meinem Leben noch mit Gebet zu tun hatte. Manche Sätze aus den Liedern blieben im Gedächtnis haften, kamen mir immer mal wieder in den Sinn. Was mir einfach Freude machte, war das leichte und zugleich engagierte und gefühlvolle aktive Singen. So etwas ist natürlich auch nicht jedermanns Sache. Bei mir hat das Singen im Gospelchor eine Zeit lang eine Lücke gefüllt, aber es gibt natürlich auch andere Wege, innerlich weiter Verbindung zum Glauben zu halten. Vielleicht muss man diese Lücke auch gar nicht füllen, es geht wohl auch ohne, habe ich den Eindruck. Jedenfalls hatte ich vom expliziten Beten erst einmal die Nase gestrichen voll. Es war mir reichlich egal, ob die freundschaftliche innere Verbindung, die ich immer wieder zu spüren meinte, wenn ich in der Bibel über Jesus von Nazaret las, weiter Bestand hatte oder nicht. Es mag etwas ketzerisch klingen, aber ich dachte: So leid es mir ja tut, dass »dieser Jesus« schon mit gut dreißig Jahren und dann noch auf solch eine Art hingerichtet wurde, aber das ist zweitausend Jahre her, und, mit Verlaub, der gute Mann hat nie erlebt, was es heißt, vierzig oder älter zu sein und in der zweiten Lebenshälfte anzukommen. Mit Kirchenaustritt hat er sich auch nie herumgeschlagen, denn so etwas gab es nicht für gebürtige Juden, und auch die Tempelsteuer wurde damals nicht gleich vom Finanzamt zwangsabgeführt. Und was heute unter dem Dach »seiner« Kirche läuft, das erinnert mich eben nicht an ihn und seine Botschaft, sondern es hält, im Gegenteil, so gut wie sämtlichen Vergleichen mit dem stand, was Jesus immer als Pharisäertum ablehnte. So dachte ich anfangs, und auch wenn ich jetzt zurückblicke, scheinen mir diese Gedanken nicht völlig unrichtig. Heute denke ich etwas partnerschaftlicher. Ich stelle mich nicht mehr einfach hin und erwarte, dass ich von Jesus Instruktionen bekomme, sondern ich treffe selbst meine Entscheidungen und versuche, in seinem Geiste zu handeln. Nicht abgehoben oder gar mit einer moralinsauren Dogmatik, sondern eher in gleichberechtigter, freundschaftlicher Verbundenheit. *Er* muss schließlich nicht *meine* Probleme lösen!

19

Anfangs hatte ich sehr wohl Momente, in denen ich nach Sicherheit zurückverlangte, wieder beten wollte wie früher. Aber inzwischen weiß ich, dass dies eine Orientierung rückwärts war und ich diese Leere, dieses Nichts einmal aushalten musste, um zu verstehen, worum es ging. Das war (und ist) nicht immer leicht. Austreten allein ist nämlich noch gar kein positiver, also aufbauender Schritt, sondern der Abschied – und sonst noch gar nichts. Man steht sozusagen mit den Koffern vor seinem alten Haus, hat den Schlüssel in den Briefkasten geworfen und noch keine neue Wohnung. Klingt wie Scheidung. Ist auch so.

Aber gut, ausgetreten – und was dann? Anfangs nichts als die klare, manchmal auch etwas trotzige Überzeugung: Ob ich zu Gott und zu Jesus gehöre, ob ich »ein Freund von Jesus« bin, wie ich es jahrelang als Leitmotiv in meinem Leben erfahren habe, das hängt nicht von der formalen Mitgliedschaft und einer Steuernummer ab. Recht so! Ich lasse mir doch meinen Glauben nicht nehmen! Aber sie kam trotzdem, diese Leere, diese Orientierungslosigkeit. Nichts mehr war klar und selbstverständlich – wobei mir nach und nach erst bewusst wurde, wie viel für mich klar und selbstverständlich gewesen war. Immerhin habe ich doch Theologie studiert, aber das hilft beim Glauben nur sehr bedingt. Mit dem Wort »Gott« bin ich übrigens etwas vorsichtiger geworden, und »Herr« sage ich schon lange nicht mehr. Zugleich ist es mitten in der gefühlten Leere viel einfacher geworden, über den »lieben Gott« zu sprechen, Gott ist – im besten Sinne – alltäglicher geworden, ist mehr in meinen Alltag gerückt. Ich hatte mir eine Brücke gebaut: Ich wollte einfach nicht mehr von »Gott« reden, sondern nur noch von »Liebe«. Dass sich die beiden sozusagen zum Verwechseln ähnlich sind, habe ich mit der Zeit bemerkt, und zwar ganz ohne Grübeleien, theologische Dispute oder Dogmen. Ging auch so, einfach menschlich, es ist Gott schließlich auch schon einmal passiert, das mit der Menschwerdung.

»Wer *Liebe* lebt, kommt irgendwann beim lieben *Gott* an«, habe ich mir gesagt. Klingt vielleicht ganz gut und locker – aber haben Sie so etwas schon mal gemacht? Was heißt das, »Liebe leben«? Und damit war ich erst einmal ganz schnell wieder bei null angelangt. Als einfältiger Gutmensch durch die Gegend zu laufen, das ist nichts für mich, dafür bin ich weder gläubig noch naiv genug. Doch die Gefahr ist groß, dass es bei diesem Nichts bleibt. Es bleibt so eine vage Ahnung, eine dünne Verbindung, die sich aus der Vergangenheit nährt, aber keine reale Gegenwart mehr hat. Immer wieder habe ich mich aufgeregt über das, was in der Kirche vorgeht, aber es nützt nichts, denn ich lebe schließlich jetzt, und kann nicht warten, bis die Kirche sich irgendwann – wenn überhaupt – einmal ändert, sodass ich dort wieder ein Zuhause hätte. Also ist das im Grunde nur verpulverte Energie.

Sehnsucht

Die Sehnsucht nach einem geistigen Zuhause war groß, die Sehnsucht danach, mit meinem Suchen, meinem inneren Drang nach »mehr«, nach Transzendenz irgendwo Verbundenheit zu erfahren. Ich wünschte mir, anderen zu begegnen, dies zu teilen mit Menschen, die auch spüren, dass es mehr gibt zwischen Himmel und Erde als das, was auf der Oberfläche zu sehen ist. Zu den Bedürfnissen, die mit dieser Sehnsucht zu tun haben, kann man natürlich auch auf völlig anderen Wegen kommen, sie sind viel ursprünglicher als jede Form von Kirche. »Sehnsucht ist das Bedürfnis, Grenzen zu überwinden«, habe ich irgendwo gelesen, und dieser Spruch trifft den Nagel ziemlich auf den Kopf. Jeder Mensch trägt diese Sehnsucht in sich, aber es gibt sehr viele Menschen, bei denen die Sehnsucht verschüttet oder mit anderen Dingen abgedeckt ist. Manche haben vielleicht auch aufgegeben und resigniert.

Doch es ist ein »gefährlich' Ding« mit dieser Sehnsucht. Denn kaum taucht sie auf, und oft schon bevor man sich ihrer bewusst wird, kommen tausendundeinerlei Dinge, die sie erfüllen wollen oder zumindest vorgeben, dies zu können. Da liegt die ganze Bandbreite von Einkaufsmöglichkeiten vor einem, im materiellen wie im ideellen Bereich. Sie wollen sich diese Sehnsucht zunutze machen und sie auf die eigenen, zum Großteil sehr merkantilen Ziele hin ausrichten. Manchmal wird man auch regelrecht zugedröhnt von einem übervollen Alltag oder Bergen von Arbeit. Es geht bis zur Sucht oder zumindest zu kleineren Süchten, ob das nun der ständige Hunger ist, den die Seele spürt und die der Körper dann in Kalorien umsetzt, oder die Sauglust an der Zigarette oder die mit den vielen versteckten Flaschen. Ich brauche hier keinen Vortrag über Sucht zu halten, ich habe nur mehrfach gespürt, wie ich selbst ziemlich nah an der einen oder anderen vorbeigeschlittert bin. Es ist gut gegangen, und rückblickend denke ich, dass ich dabei meinen Schutzengel manchmal sehr wohl gebraucht habe. Ein Schutzengel ist übrigens kein wunderschönes Wesen mit langen blonden Locken und großen Flügeln und auch kein Vertreter für Versicherungen, mögen diese auch noch so damit werben. Vielmehr handelt es sich um ein Bild dafür, dass wir immer wieder in bestimmten Situationen erleben, dass wir uns bewahrt und geschützt fühlen, regelrecht aufgehoben und getragen. Das gilt allerdings längst nicht für alle Situationen. Manchmal – so ist es mir zumindest ergangen – landet man auch voll in der Patsche. Aber es gibt eben auch das Gefühl, dass da gute Mächte am Werke waren und sind, die einen schützen. »Von guten Mächten wunderbar geborgen«, wie es in einem bekannten Zitat von Dietrich Bonhoeffer heißt. Das sind reale Erfahrungen, nicht direkt greifbar und zudem von »höherer« Art – wofür die Flügel der Engel übrigens ein sehr schönes Bild sind. In der Darstellung sind Engel auch deshalb meist besonders schön, weil dahinter etwas vom göttlichen Glanz erfahrbar wird. Auch »göttlicher Glanz« ist ein vager Begriff. Vielleicht kann man ihn erklären, wenn man Menschen ansieht, die etwas (aus-) strahlen, die von Liebe erfüllt sind. Schutzengel lassen einen eine ganz tiefe Geborgenheit erfahren, die über das Menschenmögliche hinausgeht.

Die Sehnsucht eröffnet also ein freies Feld für viele Süchte und Verführungen. Es ist wichtig, sich der Sehnsucht bewusst zu werden, zu wissen, dass man sich nach etwas sehnt, ohne gleich zu einer (vermeintlichen) Erfüllung zu greifen, denn diese Sehnsucht markiert den Beginn neuer Wege. Neue Wege, nicht platt getrampelte Pfade, sie entstehen, indem man sie *geht.* Das zeichnet sie aus. Ich komme darauf im vierten Kapitel zurück, denn in dieser Sehnsucht, im Hunger nach etwas, das wirklich sättigt, liegt der Ansatz für eine echte Erneuerung.

Vielleicht ist es gut, wenn ich Ihnen, liebe Leserin und lieber Leser, erzähle, dass die ganze Geschichte mit dem Austritt inzwischen einige Jahre hinter mir liegt, dass ich als freiberuflicher Theologe mein Auskommen habe, indem ich Feiern zu wichtigen Anlässen im Leben anbiete, Trauerfeiern, Hochzeiten und Begrüßungsfeiern für Neugeborene, Feiern für Leute, die keiner Kirche (mehr) angehören (wollen) oder die einfach Wert legen auf ein ganz persönlich gestaltetes Ritual (Infos unter www.die-feier.de). Biblisch gesprochen kümmere ich mich jetzt sozusagen um all die verlorenen Schäfchen, von denen ich selbst eines bin. Ich habe dabei keine Angst, falsche Wege zu beschreiten, obwohl aus amtskirchlicher Sicht das, was ich da tue, falsch ist. Dies ist jedoch nicht die einzige Sicht auf die Welt. Und mich drängt nichts, aber auch gar nichts, zurück in den alten »Schafstall«. Trotzdem sei hier klar gesagt: Ich will nicht in Konkurrenz zur Kirche treten. Zum einen möchte ich eine Alternative aufzeigen für diejenigen, die von ihr nicht mehr erreicht werden, zum anderen will ich diejenigen wachrufen, die schon lange eine innere Distanz zur Kirche haben, die irgendwo im Niemandsland zwischen Kirche und selbst gelebtem Glauben verharren und weiterhin Kirchensteuer zahlen, aus Angst vor dem Vakuum. Es mag für die Kirche schön sein, wenn Leute weiterhin zahlen und sozusagen keine Gegenleistung in Anspruch nehmen. Vielleicht freut die Kirche es auch nicht, so viele kostbare passive Mitglieder mitzuschleppen, aber aktive Mitglieder, die anders denken und das womöglich auch noch äußern, scheut die Kirche wie der Teufel das Weihwasser. Dann doch lieber ein paar Millionen passive Mitglieder, die wenigstens ihren Beitrag zahlen.

Dies alles schreibe ich in der Hoffnung, dass die »alte« Kirche irgendwann einmal jung und frisch wird, sich endlich erneuern lässt – am besten von Gott persönlich, aber der hat dafür nun mal nur Menschen zur Verfügung. Ich will zuhören, Gottes Spuren im ganz normalen menschlichen Alltag entdecken helfen. Gott hat viele Namen.

Ein neues Zuhause habe ich noch nicht gefunden, trotzdem bin ich der Überzeugung, dass es sich gelohnt hat, das alte Haus, die verfasste, konfessionsgebundene Kirche, zu verlassen, sich auf den Weg zu machen, den »Exodus« zu wagen, ganz still und unspektakulär, erst einmal ganz allein. Im alten Israel gab es jenen sinnbildhaften Exodus mit Moses an der Spitze – eine für sich genommen wunderbare Geschichte davon, wie es einem Volk, aber auch einem einzelnen Menschen im Leben ergehen kann, wenn man ehrlich ist, seiner Sehnsucht nachspürt, sich lossagt und sich auf den

Weg macht, Geborgenheit hinter sich lässt, auch wenn vor einem erst einmal nichts als Wüste liegt. Aber ein karges Leben, in dem es wirklich ums Überleben geht, ist immer noch besser als diese feiste Behaglichkeit, die nicht mehr echt, die hohl ist und die Sehnsucht nicht mehr stillt, weil sie die Quellen verschüttet.

Ein Exodus dieser Art geht nicht von heute auf morgen. Zum einen hat er schon lange begonnen bei denen, die sich innerlich mehr und mehr entfernen vom offiziellen Kirchenglauben. Zum anderen gibt es immer mehr Menschen, die »mit den Füßen abstimmen« und auch formal austreten. Aber der Kirchenaustritt ist nur *ein* Schritt auf diesem Weg. Er ist jedoch wichtig, und es ist wichtig zu sagen, dass es sich dabei nicht einfach um einen modischen Trend handelt, sondern dass diese Bewegung aus der Kirche hinaus tatsächlich den Charakter eines Exodus hat, durch den sich mündige Christen der geistlichen Vormundschaft einer Institution entziehen. Da können Vertreter eben dieser Institution noch so große Heere von Pastoren und anderen hinterherschicken, die den Gläubigen Angst machen mit ihrer Macht über das Jenseits oder sie locken mit der vermeintlichen Sicherheit der Rechtgläubigkeit, verbunden mit einem »erleichterten« Wiedereintritt: Es wird nichts nutzen, die Kirche wird sich noch schwer wundern, wenn sie die wahren Gründe nicht endlich (an-)erkennt und sozusagen selbst mitzieht, die Flucht nach vorn antritt und sich wandeln lässt. Diese Wandlung ist weitaus wichtiger als ein Streit über den Gehalt von Brot und Wein, wie er seit Jahren zwischen den Konfessionen ausgefochten wird, was dazu führt, dass

Katholiken nicht am protestantischen Abendmahl teilnehmen dürfen. Wandlung ist gut, aber lasst uns doch bei uns selbst anfangen.

Ich bin froh, dass ich aus der Kirche ausgetreten bin. Mit jedem Tag, den ich mich weiter aus dieser Bindung löse, sehe ich, wie sehr ich darin eingepfercht war. Erst nach und nach erkenne ich die Gitterstäbe des Käfigs, in dem man da sitzt. Wenn Kirche das wäre, was sie zu sein vorgibt, nämlich eine Form der innigen Verbundenheit derer, die an Gott glauben, die Liebe leben, in der man (den Heiligen) Geist spürt – was wäre dies für eine herrliche, freie Kirche. Diese Kirche gibt es immer noch, nur muss man klar und nüchtern sehen, dass ihre derzeitige Gestalt, zumal in Deutschland, nicht dazu beiträgt, diese »eigentliche«, innere Kirche und diese Verbundenheit zu erfahren – im Gegenteil. Meines Erachtens ist es strategisch richtig, ihr die Steuermittel zu entziehen in der Hoffnung, dass eine materiell ärmere Kirche wieder auf lebendige Pfade zurückfindet. Sinnvoller ist es, den Betrag, den man im Durchschnitt an Kirchensteuern zahlt, an soziale Einrichtungen oder vergleichbaren Organisationen zu spenden.

Manchmal könnte man auf den Gedanken kommen: »Was hatten die es damals zu biblischen Zeiten doch gut, da gab es einen Moses, der sagte, wo's langgeht; es gab ein ziemlich klar umschriebenes Volk, zu dem man gehörte und mit dem man zog und so weiter.« Aber einmal abgesehen vom historischen Gehalt dieser Geschichte, so glatt wird damals wohl auch nicht alles gegangen sein. Ich habe den Eindruck, dass heutzutage sich dieses Volk, das da aus der Behaglichkeit bekannter Vorstellungen auszieht, erst einmal finden muss. Allerdings kann nur entdecken und finden, wer selbst auszieht! Erst als ich zum »verlorenen Schäfchen« wurde, habe ich entdeckt, dass es außer mir noch sehr viele andere solcher Schäfchen gibt, viel mehr, als ich je gedacht hatte – dabei waren mir doch die Statistiken durchaus bekannt. Ganz lange habe ich auf der Schwelle gestanden, habe es nicht gewagt, mich loszureißen. Jetzt erst, nachdem ich losgelassen habe, dem inneren Exodus auch den äußeren Austritt habe folgen lassen und mich damit der Heimatlosigkeit ausgesetzt habe, können sich meine Augen ganz langsam öffnen für eine Realität, die ich vorher gar nicht zu sehen in der Lage war. Ich war sozusagen blind und eingeschlossen gewesen und hatte es gar nicht gewusst.

Der Abstand wächst von innen

Es kam nicht von heute auf morgen. Der Abstand wuchs langsam, und er wuchs zuerst und vor allem von innen. Nach und nach wurde der Kontakt auch äußerlich weniger. Es war eine längere Entwicklung, schleichend oft. Warum? Weil es mir einfach nichts mehr sagte, was ich da in der Kirche erfuhr. Es interessierte mich nicht mehr – nicht in dem Sinne, dass das, worum es dort ging, nicht interessant gewesen wäre, sondern es war nicht mehr lebendig. Worte und Gesten entsprachen der gelebten Wirklichkeit immer weniger. Und dort, wo es einmal positive Ansätze gab, wurden sie sehr bald von offizieller Seite im Keim erstickt und auf Linie gebracht. Irgendwann regte es mich nicht einmal mehr auf.

Natürlich sind es auch Äußerungen und das immer wieder recht unsensible Verhalten mancher kirchlicher Vertreter, zumal katholischer Bischöfe, die das Ihre dazu beitragen. Das gilt verstärkt dafür, wie menschenverachtend mit Abweichlern umgegangen wird, beispielsweise mit dem bereits emeritierten Theologieprofessor, der das »Verbrechen« begangen hat, öffentlich an einem protestantischen Abendmahl teilzunehmen. Nur ein Fall von vielen, wobei man vom Umgang mit vielen Namenlosen, die nicht so bekannt sind, dass ihre Geschichte in die Öffentlichkeit gelangt, kaum etwas weiß. Ich habe von einigen solchen Fällen erfahren. Für das, was da geschieht, fehlen einem die Worte – mit (Nächsten-)Liebe und Respekt hat das jedenfalls nichts zu tun. Umgekehrt hat die Euphorie um den alten und den neuen, den deutschen Papst, der »Papst-Hype«, der einige Jahre lang zu beobachten war und der von der katholischen Propaganda ziemlich geschickt hochgehalten wurde, nicht dazu beigetragen, mich wieder zurückzuholen. Der Versuch, die Kirche wieder salonfähig zu machen, wieder positiv in die öffentliche Meinung zu bringen, wurde immer wieder konterkariert von der Herzlosigkeit und der Ignoranz führender Kirchenmänner. Da ist ein Volk, auch und gerade sehr vieler junger Leute, mit einem ungestillten Hunger nach Spiritualität, nach einem vagen Mehr, und die Kirche veranstaltet einen Pop-Event, der nur scheinbar Halt gibt und nur für einen Moment, weil danach nicht mehr kommt als ein durchkonstruierter, mächtiger Altbau – keine wirklich einladende Kirche, die nicht sich selbst meint, die den Glauben an Gott offen sucht, benennt und feiert. Die Sehnsucht ist groß, aber in den Kirchen ist sie längst gestorben.

Dabei ist die christliche Tradition unglaublich reich an Erfahrungen geistigen Lebens, an innerer Orientierung, an Wissen von Liebe, an »Liebesgeflüster«. Aber wenn man aus Liebesgeflüster strenge Dogmen macht, dann stirbt die Liebe. Das Problem ist nicht, dass die Kirche aus ihrer Tradition nicht genügend Antworten und Orientierungsangebote hätte. Das Problem ist, dass sie falsch eingesetzt werden und zu einer herzlosen Ideologie verkommen. Eine Ideologie, die von denen, die das Sagen haben, definiert wird. Da sitzt im Zentrum ein »heiliger Rest«, der für sich beansprucht, den wahren Glauben zu besitzen. Rundherum gibt es eine große Zahl prinzipiell treuer Anhänger, die bereit wären, sich zu engagieren, aber oft unendlich leiden müssen unter der rechthaberischen Ignoranz ihrer institutionellen Leitung. Das Erbe, das die Kirche in sich trägt, das sie weitergeben könnte, hat schlechte Erbverwalter. Sie lassen das Volk »am ausgestreckten Arm verhungern«. Man könnte in eine wahrlich biblische Wehklage ausbrechen, wenn man bedenkt, was den Menschen an Gutem, an Impulsen, an Glaubenskraft vorenthalten wird. Allerdings liegt das nicht nur an den Kirchenvertretern. Man kann sich schließlich als mündiger Christ auch selbst auf den Weg machen. Genau darum geht es hier: Machen wir uns selbst auf den Weg und lassen wir diejenigen zurück, die unbeweglich im Vertrauten verharren. Das erfordert Mut, der Exodus kommt nicht von alleine, und es gibt keinen, der ihn vorschreibt und haargenau den Weg weist. Aber es lohnt sich, neue Wege zu gehen, sich loszumachen von vermeintlichen Sicherheiten, neu zu denken, aktiv zu werden. Sie werden sehen: Es lässt sich eine Menge bewegen und entdecken.

Diese Analyse bezieht sich leider nicht nur auf die katholische, sondern auch auf die protestantische Kirche. Was da augenscheinlich etwas liberaler und toleranter daherkommt, hat bei näherer Betrachtung eine ähnlich lähmende Wirkung. Es gibt hinter den Kulissen schier unglaubliche Grabenkämpfe, Rangeleien und Mobbing, wie man es eher bei industriellen Großbetrieben vermuten würde. Beispielsweise geht es hier um die Besitzstandswahrung quasi verbeamteter Pfarrer, also um Machterhalt. Da kämpfen pharisäisch aufgemotzte Gemeindevorsteher als Presbyter gegen die Geistlichen und umgekehrt. In irgendeiner Form mag es so etwas in jeder größeren Organisation geben, aber in einer, die als Auftrag Liebe in die Welt tragen sollte, ist das Auseinanderdriften von verkündeter Wirklichkeit und gelebter Wirklichkeit besonders fatal. Ähnliches habe ich im Zusammenhang mit »Verkündigung« erlebt. Ich saß in einem evangelischen Gottesdienst, der Pfarrer begann die Predigt, nahm einen Satz aus dem Evangelium als Einstieg, um für fünfzehn oder zwanzig Minuten sozusagen von der Realität abzuheben, ein schrifttheoretisches Problem zu konstruieren und ebenso theoretisch zu lösen, um dann, mit dem Amen und einem glücklichen Lächeln nach dem Motto, »Na, hab ich das nicht wieder toll hingekriegt?«, wieder zu landen.

»Was ändert sich denn nun dadurch?«, habe ich mich gefragt. Nichts ändert sich. Ich glaube sogar, dass damit die Predigt genau ihren geheimen Sinn und Zweck erfüllt: Es soll sich auch nichts ändern. Irgendwann bin ich nicht mehr wiedergekommen. Einzig das Kirchengebäude, die Kirche, sprach mich weiter an. Ein Ort, wo es still ist, an dem man manchmal spüren kann, dass dort intensiv gebetet wird. Esoteriker nennen dies »Kraftorte«, und die gibt es in Kirchen tatsächlich – solange kein Gottesdienst ist.

Geld oder Leben

Die Frage ist berechtigt: *Warum* aus der Kirche austreten? Es kann allerdings – gleichberechtigt – auch die Frage gestellt werden: Warum in der Kirche bleiben?

Die meisten Bundesbürger aus den alten Bundesländern sind formal oder aus Überzeugung Steuern zahlende Mitglieder der katholischen oder protestantischen Kirche. Wenn ich eine vor einiger Zeit erschienene Pressenotiz richtig behalten habe, handelt es sich immer noch um den stattlichen Anteil von fast 50 Prozent aller Steuerpflichtigen. Vermutlich werden viele gar nicht mal so groß darüber nachdenken, sondern es so laufen lassen, wie es ist. Nicht jeder will der Sache auf den Grund gehen und »eine Baustelle eröffnen«. Manche sind auch durch ihre Arbeit gebunden. Zumal im sozialen Bereich ist die Kirche durch das herrschende Subsidiaritätsprinzip ein mächtiger Arbeitgeber. Für den einzelnen Arbeitnehmer muss man da schon Verständnis haben. Er will und kann seine Existenz nicht aufs Spiel setzen. Aber dass dies so ist, dass bestimmte Bereiche gleichsam flächendeckend monopolgleich kirchlich besetzt sind, ist nicht richtig, weil der Einzelne keine Gelegenheit hat, der damit verbundenen Ideologie und Sanktionierung zu entgehen. Allerdings ist man doch auch selbst verantwortlich für das, was mit dem eigenen Geld geschieht, und diese Verantwortung sollte man bewusst tragen. Die Annahme, dass mit dem Geld, das an die Kirche geht (immerhin bis zu neun Prozent der Lohn- bzw. Einkommenssteuer), automatisch etwas Gutes oder zumindest nichts Schlechtes geschieht, bedarf meines Erachtens einer kritischen Prüfung. Der vagen Idee, dass ein Großteil davon für karitative Zwecke verwendet wird, widersprechen nämlich die Fakten. Die Haushalte der Bistümer sind öffentlich einsehbar. Überzeugen Sie sich ruhig selbst: Es geht um Gebäude, um kirchliche Besitztümer und Liegenschaften. Der größte Teil geht in Personalkosten, und zwar in die des direkten kirchlichen Personals, also nicht etwa in das der Krankenschwester oder des Altenpflegers. Diese werden zu annähernd hundert Prozent vom jeweiligen Träger selbst bzw. von der öffentlichen Hand bezahlt. Da stecken so gut wie keine Kirchensteuermittel drin. Es geht also um Kirchenpersonal, um die Priester und Küster, um die (Damen und) Herren in den Generalvikariaten und bischöflichen Verwaltungen. Bischöfe selbst sind übrigens »Quasi-Beamte«, die vom Staat, von allen Bürgern und Steuerzahlern, bezahlt werden, von Katholiken ebenso wie von Muslimen und Atheisten. Damit ist dann der Großteil des kirchlichen Haushalts benannt. Mehrwertsteuer zahlt die Kirche übrigens auch nicht und wird so vom Staat indirekt mit Millionenbeträgen subventioniert. Über die Fakten kann sich also jeder informieren. Allerdings sind so manche Posten, wie zum Beispiel die nicht unerheblichen Alimente, die Priester zu zahlen haben, in den Haushalten der Bistümer recht verklausuliert oder in allgemeinen Töpfen untergebracht.

Es bleibt die Frage: Will ich wirklich, dass mit meinem Geld, egal ob viel oder wenig, diese Institution gefördert und unterhalten wird oder nicht? Oder will ich mit meinem Geld vielleicht an anderer Stelle etwas tun, zum Beispiel Hilfsprojekte in der Dritten Welt unterstützen oder Amnesty International oder Greenpeace fördern? Ich finde, für ein paar Hundert Euro im Jahr, vielleicht sogar mehr, darf man sich die Frage durchaus stellen. Für mich war es jedenfalls irgendwann so weit, aus den gewachsenen Einsichten die Konsequenz zu ziehen. Ich wollte dem inneren Abstand auch den äußeren formellen Austritt folgen lassen und das Geld, das als Kirchensteuer abgezogen wird, anderen Institutionen zukommen lassen.

Noch eine wichtige Unterscheidung: Ich habe mir gesagt, dass mein Glaube und auch mein christliches Bekenntnis nicht davon abhängen können, ob ich Kirchensteuer zahle oder nicht. Wer an Gott glaubt, braucht noch lange nicht in der Kirche zu sein. Ich bleibe meinem Glauben nach wie vor verbunden und verpflichtet. Aus der Kirche derer, die an Jesus Christus glauben, kann mich deswegen keiner rauswerfen. Christ bin ich nach wie vor. Mein Herz gehört der Kirche – aus eben diesem Grund bin ich ausgetreten.

Ein Freund von mir hat es einmal etwas übertrieben auf den Punkt gebracht: »Man muss die Kirche packen bei dem, was sie zusammenhält: beim Geld.« Das klingt natürlich ein wenig sarkastisch, ist aber leider nicht weit von der Wahrheit entfernt. Die Alternative scheint für die Kirche momentan tatsächlich zu lauten: »Geld oder Leben?« Will ich eine lebendige und arme Kirche, und zwar materiell und vielleicht mehr noch von der inneren Haltung her, oder will ich eine reiche und mächtige, die Rechtgläubigkeit wie ein Bollwerk verteidigende Kirche, die aber innerlich ausgehöhlt und tot ist?

Es gibt doch auch noch andere

Natürlich ist es so, dass die hier vorgebrachte Kritik so pauschal gar nicht stimmt. Es gibt auch andere Erfahrungen, es gibt lebendige Kreise und Gemeinden oder Pfarrer, die wirklich etwas bewegen. Da stehen Leute, kirchlich engagierte Christen, die die Kirche von innen heraus reformieren wollen, die mit viel gelebtem Engagement Verbesserungen anbringen, die der Kirche wieder Leben einhauchen. Ich kann von mir selbst behaupten, mehr als zwanzig Jahre aktiv daran geglaubt und mich dafür eingesetzt zu haben. Ich bin darüber nicht mehr verärgert und enttäuscht, ich glaube auch nicht, dass all diese Bemühungen umsonst waren und sind – die Fruchtbarkeit wird sich zeigen, wenn in der Kirche der Winter (oder ist es eine Eiszeit?) vorbei ist. Aber ich bin mittlerweile der Überzeugung, dass dieser Kirche nicht mehr zu helfen ist.

Im Gegenteil, die offizielle Kirche, also die Kirche derer, die die Macht ausüben, nutzt jene Beispiele engagierten, lebendigen Christentums als Ausrede dafür, dass doch alles gar nicht so schlimm ist, solange es dieses Engagement in der Kirche noch gibt. Im Grunde erfüllen engagierte und progressive Christen also innerkirchlich eine Alibifunktion. So hält man noch eine Menge Kirchensteuerzahler bei der Stange, füttert sie wie gutgläubige Kinder mit Bonbons und bleibt weiter bei der eigenen ideologisch-konservativen Linie. Als mir das klar wurde, gab es kein Halten mehr. Ich wollte mich mit meinem Engagement nicht länger missbrauchen lassen. Kein Grund zur Bitterkeit, wohl aber Zeit, dies endlich zu erkennen und sich selbst nichts mehr vorzumachen: Diese Kirche ist nicht mehr von innen heraus reformfähig, diese Zeit hat sie verstreichen lassen und verpasst. Es geht nicht mehr um Restaurierung, es geht um einen Neubau auf den Fundamenten des Alten! Ich will nicht ausschließen, dass – um im Bild zu bleiben – manche Mauerteile vielleicht auch noch brauchbar sind, womöglich kann man sie integrieren. Auf jeden Fall werden die Energie und die Fertigkeiten der vielen (erstickten) Neuerungsversuche dann gefragt sein, um einen Neuaufbau zu wagen.

Vor Jahren schon habe ich eine äußerst treffende Analyse der Situation in einem Buch über die Geschichte des Zölibats gelesen, worin ein Pfarrer aus der Nähe von Aachen zitiert wird, Josef Thomé, der in den 1940er-Jahren bereits sehr viel Weitblick bewies und von dem folgende kurze Sequenz stammt: »Die alte Kirche in ihrer alten Form wird unter großen Wehen sterben, weil sie die Zeit der Heimsuchung nicht erkannt hat; auferstehen wird unter Feuer und Sturm die alte Kirche in neuer, lebendiger, verklärter Gestalt, gebaut auf die Leben zeugenden Kräfte des Glaubens und der Liebe. Unter Sturm und Brausen wird der Geist Gottes über sie kommen und ihr neue Sendung geben« (zitiert nach: Georg Denzler, Die Geschichte des Zölibats, Freiburg i. Br. 1993, S. 201).

Dazu bedarf es vielleicht einer kurzen Erläuterung: Die »großen Wehen«, von denen die Rede ist, sind, in Assoziation an die Geburts- und Schöpfungswehen, die Schmerzen, die nötig sind, um zu etwas wirklich Neuem zu gelangen. Sie sind heftig, aber vorübergehend. Die Zeit der »Heimsuchung«, die die Kirche nicht erkannt hat, ist die Zeit, zu der es ohne genau diese Schmerzen möglich gewesen wäre, sich zu erneuern. Es ist die Heimsuchung durch den guten, den »Heiligen« Geist, es ist der »kairos«, der richtige Moment. Wenn man den verstreichen lässt, wird danach eine schwierige Operation nötig. »Feuer und Sturm« sind die Attribute des Heiligen Geistes in der Pfingstgeschichte. Das Gleiche gilt für den »Sturm« und das »Brausen«. Das ist umwerfend lebendig. Das Wort »Sendung« am Ende sollte nicht ganz so missionarisch interpretiert werden. Es bedeutet nicht viel mehr als »Bestimmung«, »Zielrichtung«. Entscheidend ist eher, dass Gott diese Zielrichtung gibt, dass wir sie nicht bedenken, sondern Schritt für Schritt entdecken. Dies hat Pfarrer Josef Thomé bereits vor mehr als einem halben Jahrhundert erkannt und geschrieben. Er hat Recht, immer noch, leider.

die kraft der
verlorenen schäfchen

Verlorene Schäfchen?

Vermutlich kennen Sie die Geschichte vom verlorenen Schaf. Sie ist nachzulesen im Lukasevangelium, Kap. 15, Verse 4–7. Ich will sie auf die heutige Zeit und die momentane Situation in unseren Kirchen übertragen und ein wenig fortschreiben. Da ist die Rede davon, dass einer hundert Schafe hat und dann plötzlich eines davon verliert. Er lässt die 99 anderen Schafe allein, um das eine verloren gegangene Schäfchen zu suchen, so lange bis er es gefunden hat. Ein Bild dafür, wie Gott sich um einen Menschen kümmert, der verloren geht, und welche Freude dann im Himmel herrscht, wenn dieser sich bekehrt, sich wiederfinden lässt.

An anderer Stelle (Johannes 10,4 ff.) ist in einem ähnlichen Vergleich die Rede davon, dass der gute Hirte, im Gegensatz zu einem bezahlten Knecht, die Schafe ins Freie bringt und ihnen dann vorangeht. Sie folgen ihm, weil sie seine Stimme kennen.

Was aber macht die Kirche nun in Wirklichkeit mit einem solchen verlorenen Schäfchen? – Die Antwort ist schlicht und ergreifend: Sie lässt es laufen! Und mehr noch: Sie zieht eine dicke Mauer um die anderen, damit die nur ja nicht auch noch weglaufen. Sie führt sie nicht etwa ins Freie, wo sie Gottes Stimme folgen können, sondern erzählt den Eingepferchten, wie schlimm es da draußen ist und dass sie nur hier, hinter den dicken geistigen Mauern der Rechtgläubigkeit, gut aufgehoben sind. – So platt, klar und einfach, wie hier suggeriert, verhält es sich natürlich nicht. Man mag sich denken:»Das Wertesystem der Kirche hat sich über Jahrhunderte bewährt, so falsch kann es doch nicht sein.« Oder:»Es hat in der Kirche auch immer andere Stimmen gegeben, ich bin eine davon und irgendwann werden auch diese Stimmen gehört werden.« Oh je, und das habe ich nun wirklich jahrelang selbst auch geglaubt! Erst als ich die Frage zuließ, *wann* denn diese anderen Stimmen, die nicht so hierarchiekonform sind, gehört werden und mir klar wurde, dass ich einschneidende Veränderungen in die erhoffte Richtung wohl nicht mehr erleben werde, ist bei mir der Knoten geplatzt: Ich muss *jetzt* nach meiner Überzeugung leben und darf damit nicht warten bis irgendwann mal oder niemals. Stärker noch: Ich muss und will und soll jetzt leben, das ist mein christlicher Lebensauftrag. Ich darf Veränderungen nicht einfach an die nächste Generation delegieren. Und damit wurde mir auf einmal klar, wie sehr dieses vertröstende Hinausschieben auf»später einmal« Teil des Systems ist, das spontanes, kräftiges Leben verhindert und unterdrückt. Es hat heute kein Mensch etwas davon, wenn in fünfzig oder hundert Jahren die Veränderungen nachgeholt werden, die jetzt vollzogen werden müss(t)en.

Vielleicht hat man, wenn man in der Kirche ist, auch einfach nur so ein unbestimmtes Gefühl, dass man irgendwo dazugehört, nach dem Motto:»Sonst bin ich ja gar nichts mehr« oder»Schaden kann es nicht«. Des Letzteren bin ich mir übrigens nicht mehr so ganz sicher, kann es doch sehr wohl schaden, wenn man etwas einfach so weiterlaufen lässt.

Viele denken und fühlen vielleicht auch gar nichts mehr, da stirbt die Kirche dann an Desinteresse. Dabei bedarf es nur eines geringen äußeren Anlasses, um sich den Ruck zu geben und auszutreten. Es lohnt sich, und das längst nicht nur finanziell.

Man kann inzwischen, wie erwähnt, auch wieder relativ leicht eintreten. Der Zaun um die verbliebenen Schäfchen hat sozusagen einen Einlasspunkt, die Wiedereintrittsstelle. Sollte also jemand den Weg zurück in die Kirche finden (von allein), kann er sich dort melden und zu vereinfachten Bedingungen sehr schnell wieder in den Stall kommen. Vereinfacht deshalb, weil vor wenigen Jahren noch ausführliche Gespräche mit einem Geistlichen und dessen Befürwortung nötig waren, um das Vergehen des Austritts reinzuwaschen. Das ist heute nicht mehr nötig, da hat sich die Kirche doch, allen anderslautenden Beteuerungen zum Trotz, ein wenig dem Markt angepasst. »Siehste, geht doch, man muss den Hebel nur an der richtigen Stelle ansetzen!«, denke ich mir.

Das verlorene Schäfchen aber entdeckt sehr bald, dass es längst nicht das erste und einzige ist, das aus dem Stall ausgebrochen ist. Nach meinem Eindruck sind die Anlässe für den Kirchenaustritt zwar oft recht unterschiedlich, die wirklichen Gründe jedoch nicht. Viele sagen, dass sie den Schritt wegen der Kirchensteuer gemacht haben. Das mag so sein, aber wenn man dieselben Menschen fragt, ob sie denn bereit wären, sich finanziell für eine Sache zu engagieren, von der sie tatsächlich überzeugt sind, dann ist die Antwort in nahezu allen Fällen positiv. Ähnliches gilt, wenn es Streit gab mit dem Pastor oder kirchlichen Stellen: In solchen Fällen geht es nicht um einzelne

Konflikte, sondern um die Glaubwürdigkeit der gesamten Institution. Wäre die gegeben, könnte man eine Menge Konflikte verkraften. Bei jungen Leuten, so mein Eindruck, deren Eltern bzw. Großeltern schon nur noch auf dem Papier dazugehörten, vermisst man eigentlich jegliche konkrete Bindung. Sie haben nicht einmal besonders negative Erfahrungen mit der Kirche gemacht, sondern gar keine mehr. Und damit geht leider auch eine Menge Glaubenswissen verloren. Es kommt mir dabei weniger darauf an, ob jemand weiß, was zu Ostern oder gar zu Pfingsten gefeiert wird. Das müssen Sie auf der Straße einfach mal irgendwelche Passanten fragen: Sie werden sich wundern, was für Antworten Sie da bekommen. Viel entscheidender aber scheint mir, dass auch das innere Wissen um all das, was mehr ist als das Sicht- und Wahrnehmbare, mit verloren geht. Menschen haben keine Ahnung mehr davon, dass es mehr gibt zwischen Himmel und Erde, dass es unzählige Generationen gibt, die sich damit befasst haben, die den Weg der Liebe kennen, die ein geistliches Leben entwickelt und die ihre Erfahrungen weitergegeben haben.

Was bleibt, ist eine vage Sehnsucht und ein tiefes Verlangen, das sich andere, neue Wege sucht, das oft gar nicht so bemerkt oder gar reflektiert wird und das durch geschickt vermarkteten Konsum gestillt wird. Dies sind dann wirklich verlorene Schäfchen, auch wenn sie sich dessen gar nicht bewusst sind, geschweige denn dass sie sich als Schäfchen eben jenes Stalles überhaupt wiedererkennen würden. Für diese Menschen gilt es, etwas zu tun. Nicht, indem man ihnen neue Regeln vorgibt oder ihnen irgendwelche Glaubenssätze vorhält und katechetisch erläutert, sondern indem man auf sie zugeht und gemeinsam mit ihnen die Spuren Gottes in ihrem eigenen Leben entdeckt, vielleicht darauf hinweist, Tiefen und Einsichten eröffnet. Praktisch gesehen geschieht dies heutzutage vor allem an den entscheidenden Wendepunkten des Lebens: bei der Geburt eines Kindes, das willkommen geheißen werden soll; bei der Heirat zweier Menschen, die sich lieben; beim Tod eines anderen, mit dem man verbunden war und ist – um nur die wichtigsten Stationen zu nennen.

Genau diese Momente ermöglichen wieder eine Verbindung zu denen, die sich rein glaubensmäßig mehr oder weniger im Niemandsland befinden. Da kann man ansetzen, indem man etwa die Tiefe der Liebe zweier Menschen spürbar macht. Manchmal erfahren sie über ihre eigene Liebe hinaus etwas von einer »großen« Liebe, die mehr ist als das, was zwei Menschen alleine »machen« können. Sie kommen mit Gott in Berührung, wahrscheinlich ohne dass sie es selbst so bezeichnen würden. Das gilt auch, wenn sich bei einer Geburt das Wunder des Lebens zeigt und bei den Eltern eine leise Vermutung wächst, dass dieses Leben irgendwo herkommt, dass es etwas geben muss wie einen Urgrund des Lebens, einen Schöpfergeist. Und das gilt schließlich am anderen Ende des Lebens auch dann, wenn man hofft und spüren kann, dass der Tod nicht das letzte Wort hat, dass es eine Verbindung gibt, die durch den Tod verändert, aber nicht abgerissen wird. Diese Beispiele sollen nur einen ers-

ten Eindruck davon geben, was an solchen Wendepunkten möglich ist, wo Seelsorge Sinn macht, wo es
Anknüpfungspunkte gibt.

Was ich hier schildere, ist nichts Neues. Umso mehr
drängt sich die Frage auf: Warum geschieht so wenig?
Wo sind die zahllosen geweihten und ordinierten Hirten, die sich auf die Suche nach den verlorenen Schäfchen machen? Wo sind die geistlichen Lehrer, die
Menschen bei ihren inneren Suchprozessen begleiten
und auf gute Wege leiten können? Ich habe bislang
nur sehr wenige gefunden, die meisten davon nicht in
der Kirche. Verlorene Schäfchen sind – und bleiben –
erst einmal verloren! Nicht nur verloren für die Kirche,
als Mitglieder und Steuerzahler, sondern (das wiegt
viel mehr) sie sind erst einmal wirklich verloren. Es
kümmert sich einfach keiner um sie. So habe ich es
auch erfahren: Es hat sich keiner um mich geküm-
mert. Nun habe ich doch Theologie studiert und über
Glaubenssachen eine Menge nachgedacht, weit mehr
als der Durchschnitt der Bevölkerung, einfach weil ich
vom Fach bin. Wenn mir das schon so ein Gefühl von
Orientierungslosigkeit und Verlorensein gibt, um wie
viel mehr muss das erst für andere gelten!

Mit der Zeit gewöhnt man sich daran, manche mehr,
manche weniger. In der Folge spielt Glauben dann im
Alltag noch weniger eine Rolle, man geht auf in dem,
was es zu leben gibt, trägt ein Stück unerfüllte Sehnsucht mit sich herum, findet sich damit ab, dass es ist,
wie es ist. Manchmal spürt man, dass etwas fehlt, aber
dieses Gefühl geht dann auch wieder vorbei, und au-
ßerdem: Was soll man denn machen?

Die Power der Trauer

Ich glaube, dass das, was viele Menschen in diesem Zusammenhang erfahren, im Grunde ein Trauerprozess ist, den sie aber als solchen kaum mehr wahrnehmen, weil der Abschied schleichend ist und vielfach nicht wirklich bemerkt wird. Es ist wie die Trauer um einen Menschen, die man nie so ganz zugelassen hat. Man weiß um das Sterben und sieht es auch, hat es aber nie mit aller Konsequenz durchdrungen. So kommt es zu einem Abschied, der nie ganz stattgefunden hat, der nie ganz real wurde und der infolgedessen eine schwelende, unintegrierte Trauer in sich trägt. Erst wenn man tatsächlich mit einer konkreten Trauer- oder Krisensituation konfrontiert wird, bricht ganz plötzlich auf, was da an Trostlosigkeit und Orientierungslosigkeit gleichsam über lange Zeit eingeschlossen war. In unserem Zusammenhang heißt das, dass viele Menschen sich innerlich und äußerlich bereits aus dem kirchlichen Kontext verabschiedet, diesen Abschied aber nie so ganz zugelassen und realisiert haben. Wenn sie sich dessen plötzlich bewusst werden, kann eine Menge Energie frei werden. Die aufgestaute, nicht wirklich realisierte, unterschwellige Traurigkeit und Wut aber sind eine Chance! Man kann diese Power, wie es neudeutsch heißt, auch nutzen, um wirklich neue Wege zu gehen, die viel Kraft und einen langen Atem erfordern.

Noch eine Anmerkung: Im Moment der Trauer um einen Verstorbenen, der einem lieb war und sehr nahe stand, fällt man unwillkürlich zurück in alte Verhaltensmuster und Denkweisen, eben weil man der aktuellen Situation nicht gewachsen ist. Doch viele suchen heute vergeblich nach Halt in ihrem Glauben: Die alten, über Jahrhunderte platt gepredigten Glaubenssätze zerschellen an der Wirklichkeit. Man kann sich nicht erklären, warum der Tod dieses Menschen oder das Zerbrechen einer innigen Liebe »Gottes Wille« sein soll, dass es Gott »gefallen« hat, diesen Menschen »zu sich zu holen«. Das alte Gottesbild des »allmächtigen«, alles bestimmenden Herrschers – bei kirchlichen Begräbnissen oft trostlos weiter verkündigt – hält nicht stand, tröstet nicht, führt nicht weiter, bringt einfach nichts. Und doch sind solche Momente, in denen die Trauer explizit bewusst wird, die Chance schlechthin. Dafür muss nicht erst ein Mensch sterben, doch bildet ein Todesfall oft den Anlass, durch den man spürt, was schon latent da war. Gott schafft sich neu, die alten Bilder, die »Gefäße«, in denen wir ihn zu fassen versuchten, zerbröseln, sie halten nichts mehr und oft wird man feststellen, dass sie schon seit Langem leergelaufen sind.

Der Austritt aus der Kirche und das, was danach kommt, ist ein Trauerprozess. Das kann man spüren, wenn man diesen Prozess des Abschieds, der Trennung aus den ehemals vertrauten Kreisen, die Suche nach Neuem bewusst erlebt. Man weiß nicht mehr so sicher, was nun wirklich Gottes Wille ist, und umso mehr nagen die Zweifel, und das völlig zu Recht, wie ich meine. Denn »Wille« wird nur allzu oft erlebt als Willkür, und ein Gott, der nach Willkür dem einen Glück, dem anderen Krankheit und Tod schickt, kann doch nicht der »liebe« Gott sein.

Der Austritt aus der Kirche – wenn man ihn denn als Prozess bewusst durchlebt – führt früher oder später zur Frage nach dem Glauben. Was glaube *ich* denn nun wirklich? Jetzt, da mir keiner mehr sagt, was ich zu glauben habe, wo mir keiner mehr eine Orientierung gibt, da bin ich auf einmal selbst gefordert und auch erst einmal *über*fordert. Woran glaube ich selbst? Was sagen mir all diese Begrifflichkeiten, die mir (und Generationen vor mir) fast selbstverständlich waren? Was sagt mir dieser Name »Gott«? Wie ist es mit dem »Weiterleben nach dem Tod«? Und was ist mit dem »Himmel« oder gar der »Hölle« und dem »Fegefeuer«? Glaube ich an »Wunder«? Dies sind nur einige Beispiele, wobei die Frage nach dem Sinn des eigenen Lebens noch gar nicht gestellt ist. Im letzten Kapitel dieses Buches gebe ich ein paar kleine Denkanstöße, um solchen Fragen und Begriffen außerhalb der kirchlich vorformulierten Glaubenslehre ein wenig mehr auf die Spur zu kommen. Es ist etwa nicht immer leicht zu erkennen, dass die Rede von »Gottes Wille« im Grunde nichts anderes ist als ein Ausdruck der Zuversicht dafür, dass alles, was man schmerzlich erlebt, trotzdem noch irgendwie einen Sinn hat; dass alles im Leben und in der Liebe einen Platz finden wird, dass nichts sinnlos ist. Ebenso wie man dann, wenn man um einen geliebten Menschen trauert, die Zuversicht in sich tragen kann, dass sein Leben nicht umsonst war und dass es eine Verbindung, ein Band gibt, das stärker und mehr ist als der Tod und als das, was der Tod wegnehmen kann. Was dann entsteht, ist ein anderes, ein neues Band, ist neues, bis dahin ungekanntes Leben.

Das ist es, was in der Kirche fehlt: diese ganz simple, fundamentale Glaubenserfahrung und Auslegung. Sie fehlt, weil sie in der Kirche einfach nicht mehr zugänglich ist, weil dem zu viel Macht, zu viel Selbstbeschäftigung und zu viel wertkonservative Ideologie im Wege stehen. Es reicht nicht, mal eben den Religionsunterricht zu intensivieren oder einen dicken Katechismus herauszugeben, der nur augenscheinlich erklärt, aber nicht nahebringt. Und es reicht auch nicht, missionarisch zu werden, Menschen wieder zu bekehren, in die Kirche zurückzuholen. Es reicht deshalb nicht, weil sich erst einmal in der Kirche selbst etwas tun muss, weil dort diese Worte, diese Begriffe, das ganze geistliche Leben erst einmal wieder lebendig werden müssen. Erst dann werden althergebrachte Worte die Weisheit zeigen, die sie in sich bergen. Es nutzt nichts, ein Grab zu pflegen, wenn man keine lebendige Beziehung zu dem pflegt, der dort begraben liegt, wenn man nicht wirklich »er-innert«, was da vergangen ist.

Und so stehen sie denn da, die »Schäfchen«, allein auf weiter Flur. Natürlich sind sie längst keine Schäfchen mehr, die meisten zumindest nicht, sondern durchaus emanzipierte Menschen, die sehr wohl selbstständig denken und die erkannt haben, dass sie im kirchlichen Kontext nicht weiterkommen.

Und gerade weil Krisen- und Trauermomente dies scharf ins Bewusstsein rufen, sind es diese Momente, die einen weiterführen können. Denn wenn man wirklich etwas oder jemanden verloren hat, dann betrachtet man die Welt aus einer anderen Perspektive: Wer schon verloren hat, hat nichts mehr (oder weitaus weniger) zu verlieren. Dem macht man nicht mehr so schnell etwas vor. Da geht es um Echtheit. Die zählt und sonst gar nichts. Das gilt auch für den Trauerprozess beim Abschied von der Kirche, das heißt von der Amtskirche, die ja bei Weitem nicht dasselbe ist wie die gesamte historische Kirche als die Menge all derer, die an Gott glauben. Echtheit habe ich in der Kirche nur da gefunden, wo ich auf einzelne äußerst integere Menschen traf, oft Ordensleute, die im Schutze ihrer Ordensgemeinschaft nicht selten auch eigene Wege gegangen sind. Echtheit oder echtes Bemühen habe ich in der Kirche auch an der Basis gefunden, bei den »Laien«, bei ganz normalen Gläubigen, die sich ihrem Glauben gestellt haben, die fast ausnahmslos mit innerer Zerrissenheit in der Kirche stehen und verbleiben, die aller Verzweiflung zum Trotz nicht aufgeben wollen oder können. An der Basis wird enorm viel gelitten, gerade bei denen, die nachdenken, herrscht ein wirklich großes Leid, an dem die offizielle, die amtliche Kirche mit einer gewaltigen Ignoranz vorbeisieht. Aber gehen wir Schritt für Schritt weiter.

Ab in die APO

Sich nichts mehr vormachen lassen – eine der stärksten Perspektiven im Trauerprozess – bedeutet, dass man das »Schäfchen-Sein« ablegt. Man muss ohne Leitung und Orientierung weiter, das ist schwierig genug, aber man gewinnt auch ein enormes Stück Freiheit. So habe ich mich, nachdem ich ausgetreten bin, recht schnell von dieser Kirche und ihren Ansichten lösen und dann aus einem immer größeren Abstand darauf zurückblicken können. Und je mehr dies der Fall war, desto kleiner und relativer erschien mir die Bedeutung dieses »Vereins« namens Kirche. Sie ist eben nicht die Welt, hat eben nicht die Erklärungsmacht über die Dinge. Sie hat eben kein Monopol auf Segnung und ein »richtiges« Leben. Es gibt daneben noch tausende andere Sichtweisen und legitime Arten zu leben, und die sind nicht schlechter oder minderwertig. Das klingt alles nahezu selbstverständlich, doch muss es einem erst einmal wirklich bewusst werden und vor allem ins Gefühl eindringen. Denn dort hat die Kirche immer noch eine über Jahrhunderte aufgebaute Macht, und sich davon frei zu machen, ist überhaupt nicht leicht. Wer und was wirklich »Kirche« ist, sollte nicht einfach diese alte Institution bestimmen. Wirklich Kirche sind die, die an Christus glauben, die auf seine Worte hören, nach seinem Geist leben. Wer glaubt, kommt an Tradition und Kirche nicht vorbei – ich meine aber nicht die »offizielle Kirche«, sondern eine ganz andere, sehr lebendige, die in den Herzen und den Köpfen und den Taten derer schlummert, die nur auf den Weckruf warten, die nur ein bisschen was von ihrer Unsicherheit abschütteln müssen, um zu merken, dass sie im Grunde schon alles in sich tragen, um zu neuem Leben zu finden.

Nach meinem Austritt habe ich sozusagen innerlich wieder viel mehr Luft bekommen, und das tat richtig gut. Auch aus heutiger Perspektive finde ich, dass man ruhig einmal genießen kann, »die Freiheit eines Christenmenschen«, wie Luther das genannt hat, tatsächlich zu spüren. Das gibt Kraft. Damit hat man zwar längst noch kein neues Glaubenssystem oder auch nur ein paar klare Antworten auf drängende Fragen nach Sinn oder nach innerem Halt gefunden. Aber was heißt hier schon »drängend«? So drängend sind diese Fragen erst einmal gar nicht, im Gegenteil, sie treten in den Hintergrund. »Ich muss in kleinen Schritten weitermachen«, habe ich mir damals gesagt, »es geht nicht, dass ich mein geistiges Zuhause verlasse und mir dann in nur drei Tagen ein neues aufbaue.« Obwohl: Hat Jesus nicht vielleicht genau das gemeint, als er den Pharisäern sagte, man könne diesen »Tempel« (das ist die Kirche von damals) niederreißen, und er würde ihn in drei Tagen wieder aufbauen? Ich denke, dass es um Freiheit und um eine offene und vertraute Beziehung zu dem geht, was man glaubt und für sinnvoll hält, und eben nicht um ein festes Gebäude von Lehrsätzen und vermeintlichen Sicherheiten. Reißt diesen Tempel ruhig ein und schaut mal, was nach drei Tagen an Neuem gewachsen ist! Drei Tage, natürlich nicht wortwörtlich, sondern biblisch verstanden, sind genau »die volle Zeit«, die man braucht, um durch die Krise, die Ungewissheit, den Tod hindurchzukommen und zu neuem Leben zu gelangen. Es sind diese drei Tage, die Jesus im Grab lag, die zwischen Tod und Auferstehung (bzw. deren Erfahrung durch andere) lagen. Drei Tage sind die Zeit, derer es bedarf, ein Stück Vergangenheit hinter sich zu lassen. Das mögen in unserem Zusammenhang ruhig drei Jahre oder mehr sein, was jedoch keine Rolle spielt, solange man denn in Bewegung bleibt.

Mir wurde mit dem wachsenden Gefühl der Freiheit jedenfalls sehr bald klar, dass man tatsächlich aus dem kirchlichen Kontext hinaustreten muss, um weiter zu sehen, um wirklich andere Wege zu gehen. Im Nachhinein habe ich mich oft gewundert, warum ich nicht schon viel eher ausgetreten bin. Mir wurde immer deutlicher, dass es in der momentanen Situation tatsächlich nicht mehr weiterhilft, sozusagen in der innerkirchlichen Oppositionsrolle zu verbleiben. Die hat, wie bereits erläutert, nur eine Alibifunktion und dient am Ende dazu, die Zahl der Kirchensteuerzahler hochzuhalten, Andersdenkende zu binden und ansonsten so ungestört wie möglich am selben alten Macht- und Glaubensmuster weiterzustricken. Wann endlich gesteht sich diese innerkirchliche Opposition ein, dass ihre Bemühungen nicht gefruchtet haben und dass es Zeit ist, Opposition verstärkt außerhalb der Kirche weiterzuleben? Es bedarf des Mutes und der inneren Kleinheit, um sich einzugestehen, dass so einiges, wofür man sich engagiert hat, »umsonst« oder »vergeblich« war. Ich setze diese Worte deshalb in Anführungszeichen, weil dieses Engagement nicht die gewünschten Erfolge gebracht hat, aber vielleicht auf eine noch völlig ungeahnte Art und Weise in einem anderen, neuen Kontext sehr wohl Früchte zeigen könnte, wenn man denn den Sprung endlich wagt und in die außerkirchliche Opposition – die »kirchliche APO«, die außerparlamentarische Opposition, wie sie damals in den 1960er- und 1970er-Jahren hieß – geht. Mir ist jedenfalls klar geworden, dass es innerkirchlich nicht mehr weitergeht, und dass es guttut, sich dazu zu bekennen und neue Wege einzuschlagen.

Inzwischen kann man übrigens sehr wohl sehen, dass die Kirche, wenn auch langsam, auf die steigende Zahl der Kirchenaustritte reagiert. Noch beschränkt sich dies auf Umstrukturierungen in den Gemeinden und auf organisatorische Reaktionen auf veränderte Umstände oder den Zeitgeist. Aber ich habe die Hoffnung nicht aufgegeben, dass sich irgendwann einmal verstärkt die Frage nach den eigentlichen Ursachen dieser Entwicklung stellt. Gleichzeitig kann man beobachten, dass die Kirche sich kritische Fragen gar nicht mehr stellen muss, wenn die Zahl der Arbeitslosen abnimmt und damit auch wieder mehr Menschen mehr verdienen und somit mehr Kirchensteuer zahlen. Dies belegt erneut, dass diese verfasste Kirche, so wie sie sich heute als Amtskirche darstellt und agiert, zu einem nicht geringen Teil auf Geld gebaut ist, auch wenn das viele vielleicht nicht wahrhaben wollen. Marx würde sagen, auch in der Kirche folgt der Überbau dem Unterbau, nicht umgekehrt, d.h. die materielle Grundlage bestimmt den geistigen Überbau. So etwas wie eine ständige Reform oder gar eine wirklich ehrliche Selbstkritik findet in der Kirche schon lange nicht mehr statt, und das gilt nicht nur für die katholische Kirche, sondern auch, merkwürdig genug, für die Kirchen der Reformation in Deutschland. Merkwürdig deshalb, weil gerade sie sich doch die Reformierung, die ständige Erneuerung, auf die Fahne geschrieben haben. Die Reformation bedarf schon lange einer neuen Reformation!

»Lass die Toten ihre Toten begraben«, sagt Jesus im Lukasevangelium (Lk 9,60) zu einem, der ihm folgen will. Erst spät hat sich mir dieser Satz erschlossen. In Bezug auf die Kirche bedeutet er, dass unser amtskirchliches System tot ist, sich selbst schon längst überlebt hat, und das werden die Damen und Herren der Kirche wohl eines Tages merken, auch wenn ich das sicherlich selbst nicht mehr erleben werde. Aber jetzt gilt es, Neues zu entdecken und aufzubauen, anders zu denken, anders zu leben, anders zu glauben. Es gilt, mit den alten Steinen (und auch einigen neuen) eine erneuerte Kirche zu bauen, keine neue Kirche zu gründen, wohl aber die alte Kirche in gutem Geist »unter Sturm und Brausen« völlig neu, verklärt, auferstehen zu lassen.

Innerer Adel

Der anfänglich vorhandene Trotz, der mir sagte: »Es geht auch ohne«, hat sich gewandelt, vorerst einmal in das gerade beschriebene außerparlamentarische, will sagen außerkirchliche, oppositionelle Denken. Ich stehe zu dieser Entwicklung und halte sie für sinnvoll. Aber solange ich noch in der Opposition bin, bleibe ich natürlich innerlich Teil des Gesamtsystems. Vielleicht will ich das auch, aber es hat sich mit der Zeit ein gewisser Stolz entwickelt: Ich bin kein Schäfchen mehr, ich bin ein einigermaßen erwachsener Mensch geworden, habe eine eigene Meinung und eigene Ansichten. Und – ganz wichtig – ich bin nach wie vor ein gläubiger Mensch. Ich lasse mir mein Christsein nicht mehr von dieser Kirche diktieren.

Mit anderen Worten, der Trauer- und Emanzipationsprozess, den der Austritt aus der Kirche in mir ausgelöst hat, hat die Sphären der oppositionellen Abhängigkeit verlassen und sich zu einem erhöhten Selbstwertgefühl, ich nenne dies »innerer Adel«, gewandelt. Ja, ich bin Christ, ich glaube an etwas, das mehr ist als das, was wir sehen; ich glaube weiterhin an Gott, auch wenn ich zunächst gar nicht mehr dazu sagen kann, als dass ich »irgendwie« an Gott glaube; und was Jesus betrifft, fühle ich mich ihm durch meinen Austritt aus der Amtskirche eigentlich mehr denn je verbunden; es ist sogar so, dass mir so einiges erst dadurch klar geworden ist, was ich vorher kaum verstand.

Mit der Zeit bin ich immer mehr Menschen begegnet, die längst nicht kirchlich so sozialisiert waren wie ich, die sich – anders als ich – nicht durch die Kirche geschädigt sehen und ihr eher gleichgültig oder sogar mit einem gewissen offenen Interesse und echter Neugier gegenüberstehen. Ich fühlte mich diesen Menschen immer mehr verbunden, in dem Maße, wie meine innere Abnabelung voranschritt. Darin liegt der konstruktive Ansatz, um den es mir geht: einen emanzipierten Glauben zu finden, der der heutigen Zeit entspricht und mit dem man im 21. Jahrhundert auch im Alltag leben kann; Werte und Inhalte, die die Kirche wie ein schlechter Verwalter unter sich begraben hat, wieder ans Tageslicht bringen. Ich will nicht zur amtlich verfassten Kirche in Konkurrenz treten, sondern mich von ihr losmachen, sie in dieser historischen Ausformung hinter mir lassen und das, was sie inhaltlich zusammenhält, was ihr Existenzgrund ist, zu neuem Leben bringen.

Den Glauben, den diese Kirche zu verkünden hat, gilt es aufzugreifen und selbst zu leben. In kleinen Schritten und Ansätzen muss wieder das spürbar und erfahrbar gemacht werden, was Glauben und Vertrauen, was Christsein als lebendige Beziehung ausmacht. Und dies nicht mittels einer theoretischen theologischen Abhandlung, sondern durch alltägliches Handeln. Es gilt, die Kraft der »verlorenen Schäfchen« zu entdecken und zu fördern. Denn es ist nur eine Frage der Zeit, bis das Kirchenferne, die Nichtmitgliedschaft, die Norm sein wird. Vielleicht führt das eines Tages dazu, dass endlich auch die Kirche(n) wachgerüttelt werden. Ich glaube jedenfalls, dass die Kirche in ihrer jetzigen Form keine Chance mehr hat und zu einer Randgruppe Ewiggestriger und zwanghafter Dogmatiker verkommt.

Um es noch einmal auf den Punkt zu bringen: Meiner Meinung nach kann man auch sündigen, indem man Kirchenmitglied bleibt. Und was den lieben Gott betrifft, so muss ich immer wieder an die Geschichte denken mit dem Titel »Religiöse Nachricht«, die der rheinische Kabarettist Hanns Dieter Hüsch geschrieben hat: In der Geschichte erreicht die Kirche die Botschaft, dass der liebe Gott ausgetreten ist. Nun wankt sie zwischen »Das gibt's doch gar nicht« und »Ist doch gar nichts Neues«. »Endlich ist er frei«, resümiert Hüsch, »komm, wir suchen ihn!«

Diese Anekdote hat mich zu der prägnanten Formulierung gebracht, die meine Überzeugung zum Ausdruck bringt und die deshalb der Titel dieses Buches geworden ist: Der liebe Gott ist auch schon ausgetreten!

ohne kirche leben lernen

Die Frage der Gültigkeit

Es ist unsensationell, wenn man diesen Schritt vollzieht und aus der Kirche austritt: Es passiert erst einmal gar nichts. Gut, der Steuerbescheid ändert sich. Ich habe überdies von vereinzelten Fällen gehört, wo sich das örtliche Pfarrbüro nach einiger Zeit, als die statistischen Meldungen dort angekommen waren, schematisch nach den Austrittsgründen erkundigt hat. Einmal ist bei einer Familie auf dem Lande auch der Pfarrer selbst erschienen und hat den Betroffenen klarzumachen versucht, dass sie durch ihren Kirchenaustritt auch nicht mehr gültig beerdigt werden können, was sie dann wohl stark in die Nähe der Vorhöfe der Hölle rückte.

Ohne diese Interventionen moralisch werten zu wollen, möchte ich zur Beruhigung aller, die offen oder verdeckt mit dieser Angst kämpfen, klar sagen, dass es inzwischen flächendeckend die Möglichkeit nicht konfessionsgebundener Trauerfeiern gibt, bei denen man natürlich auch beten und einen Segen aussprechen kann. Jeder Bestatter hat inzwischen einen oder mehrere qualifizierte Theologen an der Hand, manchmal auch einfache »Redner«, die er mit der entsprechenden Feier beauftragt.

Ähnliches gilt für Hochzeiten. Es gibt inzwischen bundesweit sehr viele Freie Theologen (www.freietheologen.de), die sich solcher Feiern mit viel persönlichem Einsatz annehmen. Sie müssen als freiberuflich tätige Menschen natürlich für ihren Dienst bezahlt werden, aber die Kosten stehen in keinem Vergleich zur Kirchensteuer.

Doch zurück zur Frage der Gültigkeit. Was heißt denn das überhaupt? Wird eine Feier, zum Beispiel eine Eheschließung, und das, was sie beinhaltet, dadurch »gültig«, dass man sie in kirchliche Bücher einträgt? Oder dadurch, dass ein geweihter Priester sie leitet? Klar und nüchtern: Gültig im Sinne von rechtsverbindlich ist der Eintrag auf dem Standesamt. Was danach kommt, ist der Entscheidung und der Überzeugung eines jeden selbst überlassen. Für den einen oder die andere wird dies eine kirchliche Feier sein oder eine nicht konfessionsgebundene Feier. Genauso wird es weiterhin Menschen geben, die es bei der standesamtlichen Feststellung belassen. Das gilt übrigens auch für den Bereich der Beisetzungen: Die Zahl der sogenannten »o.F.-Fälle« (»ohne Feier«) steigt ständig. Mir persönlich erscheint das äußerst trist und trostlos, aber oftmals ist wirklich niemand mehr da, der sich kümmern könnte oder der sich kümmern will. Eine gute und persönliche Abschiedsfeier halte ich eigentlich für unersetzlich, allein schon, um dem Gefühl der Trauer einen Platz zu geben.

Aber glauben Sie wirklich, dass es Gott im Himmel etwas ausmacht, ob da in irgendeinem Kirchenbuch eine Eintragung vorgenommen und ein Stempel gesetzt wird? Oder dass ein Mensch, der sich förmlich in die Tradition einer schwer belasteten Kirchenhierarchie gestellt hat, eine bestimmte Formel spricht? Das kann ich mir nicht vorstellen. Das ist für mich reiner Aberglaube. Natürlich ist es auch bequem und unselbstständig, denn solange man solcherlei Dinge einfach an andere delegieren kann, braucht man selbst sich ja weiter gar nicht zu bekennen. Das ist bequeme Unmündigkeit. Auf der anderen Seite steht der suggestive Appell an die Angst der Menschen, der Betreffende könnte im Sterbensfall in die Hölle kommen, oder – augenscheinlich etwas weniger hart – die Unterstellung, eine Ehe, die nicht kirchlich geschlossen wurde, sei ja gar keine »richtige« Ehe, eine Anmaßung, der man meines Erachtens nur mit nüchternem Verstand begegnen kann. Ich denke, dass alles, was in Liebe geschieht, auch im Himmel seine Gültigkeit hat. Und es ist gut und wichtig, dem auch in Worten und Gesten Ausdruck zu verleihen, es mitzuteilen, zusammen mit anderen zu begehen. Genauso wichtig ist es, die Angst davor, dass etwas nicht gültig ist, hinter sich zu lassen. Die verfasste Amtskirche hat nicht die Macht über Himmel und Erde, auch wenn sie sie sicherlich gerne hätte.

Jetzt stellen Sie sich mal vor, Jesus käme heute noch mal auf die Welt, würde noch mal geboren, und das in unserer reichen, westlichen Kultur. Meinen Sie wirklich, er würde heute Bischof werden? – Im Gegenteil, er würde diesen Herren was erzählen!

Heimatlos

Dass wir etwas Neues brauchen, um tatsächlich »glaubwürdig« leben und glauben zu können, darüber ist genug geschrieben worden. Doch stellt sich nach einem Kirchenaustritt schnell heraus, dass es nicht einfach etwas Neues gibt, das an den Platz dessen rückt, was im kirchlichen Kontext nahezu selbstverständlich da war. Man gehört jetzt nicht mehr dazu, und das kann einem, durchlebt man es bewusst, durchaus ein Gefühl von Heimatlosigkeit geben: Man fühlt sich verloren, von »Mutter Kirche« verlassen, »like a motherless child«. Da mag man argumentieren: Selbst schuld, es hat einen ja keiner gezwungen, auszutreten. Aber das stimmt nicht. Wenn diese Kirche den Glauben nicht mehr weitergibt und ihn für sich selbst missbraucht, dann gibt es irgendwann keinen anderen Weg mehr als diesen Schritt zu tun, und dann liegt die eigentliche Ursache dafür bei der anderen Seite. Schließlich ist es nur noch eine scheinbare Verbindung, nur noch eine scheinbare Heimat und Geborgenheit, die die Kirche bietet.

Ich möchte Ihnen Mut machen, dieses Gefühl der Heimatlosigkeit auszuhalten, es zu bewältigen. Das ist nicht ganz einfach, aber es lohnt sich auf jeden Fall.

Der Kirchenaustritt hat auch eine ganz praktische Dimension. Zum einen mag einen die Frage beschäftigen, wie man in Zukunft wichtige Wendepunkte im Leben gestaltet und feiert – sie wurde bereits im vorangegangenen Kapitel erörtert. Zum anderen stellen sich auch konkrete Fragen, wie das denn zum Beispiel mit den Kindern ist, ob sie jetzt überhaupt noch einen Platz im Kindergarten bekommen können, ob sie am Religionsunterricht teilnehmen dürfen und ob sie überhaupt noch eine religiöse Erziehung erfahren. Berechtigte Fragen, deren Beantwortung in der Praxis einiges an Mut und Kompromissfähigkeit fordert. Gesellschaftlich gesehen befinden wir uns in einem Übergang, immer mehr Schulen und Kindergärten entwachsen der kirchlichen Obhut, und auch dort, wo sie an einen kirchlichen Träger gebunden sind, gibt es eine verpflichtende Quote, eine bestimmte Menge Kinder aufzunehmen, die nicht konfessionsgebunden sind oder einer anderen Glaubensrichtung angehören. Religionsunterricht kann auch Sinn haben, ohne dass man als Eltern einer Kirche angehört. Der Religionsunterricht wird nicht aus Kirchensteuermitteln bezahlt, insofern braucht man sich auch keine Vorwürfe zu machen, wenn man sein Kind für den Unterricht anmelden möchte. Die eigentliche religiöse wie auch moralisch-ethische Erziehung findet nach wie vor eher zuhause statt – wobei ich die aktuelle Diskussion, wie und ob sie denn in diversen Schichten unserer Gesellschaft überhaupt noch stattfindet, an dieser Stelle unberücksichtigt lasse. Man kann diese Erziehung nicht einfach an eine Institution delegieren und sich selbst nicht mehr darum kümmern. Für seine eigenen Überzeugungen muss man schon selbst aufkommen. Aber so dramatisch ist das nun auch wieder nicht, denn im Grunde muss das jeder Mensch, als Christ tut man es vielleicht etwas klarer und bewusster, doch Religion an sich ist im Grunde eine sehr einfache, menschliche Sache. Man hat uns über Jahrhunderte nur vergessen lassen, dass Glauben und Menschsein unmittelbar zusammenhängen. Gott ist doch Mensch geworden, so wird es zumindest seit zweitausend Jahren bekannt.

Damit berühren wir die innere Dimension dieser Heimatlosigkeit. Es mag durchaus Menschen geben, die diese gar nicht so stark empfinden, oder besser: die sie gar nicht bewusst wahrnehmen. Dabei ist es sinnvoll, sich dieser Heimatlosigkeit wirklich zu stellen, sie auszuhalten, keine klaren Antworten und Verweise auf das zu haben, was per se richtig oder falsch sein soll. Es macht Sinn, sich bewusst zu werden, was einem tatsächlich lieb und teuer ist; sich Gedanken zu machen, welche Werte für einen wirklich wichtig sind. Wenn man darüber nachdenkt, wird man sehr schnell feststellen, dass die Werte und Vorstellungen, die man mit sich herumträgt, oft eher ganz allgemeine Werte sind wie Ehrlichkeit, Selbstständigkeit, Toleranz, Mitgefühl, Ehrfurcht vor dem Leben, vor der Freiheit des anderen, Echtheit und Glaubwürdigkeit, Zuverlässigkeit etc. Diese Werte haben längst ihre Angebundenheit an die Tugend- und vor allem an die Sündenkataloge vergangener Zeiten verloren. Christliche Tugenden sind größtenteils ganz einfach menschliche Tugenden, und das ist gut so. Dazu brauche ich keine Kirche mehr, weder um sie für mich als wichtig zu erkennen, noch um mich daran zu halten oder dafür einzutreten. Die Kirche hat kein Tugendmonopol, genauso wenig wie ein Glaubensmonopol oder ein Monopol auf sinnhafte Feiern: Das können Sie auch, Sie und ich, wie jeder andere Mensch auf Erden.

Die Gretchenfrage

Wie aber ist es dann konkret mit dem Glauben, wie halten Sie's damit? Diese Gretchenfrage, hier ganz wörtlich gemeint, stellt sich früher oder später. Klar ist inzwischen, dass man mit dem Kirchenaustritt nicht auch seinen Glauben aufgibt. Die Menge derer, die in der Kirche sind, und derer, die an Gott glauben, ist bei Weitem nicht identisch. Aber die Frage, die sich stellt, ist eben nicht nur die, wozu ich denn gehöre oder nicht gehöre. Gerade durch den Austritt aus der Institution stellt sich die Glaubensfrage noch einmal ganz direkt: Woran glaube *ich* denn noch oder überhaupt? Solange man Mitglied der Kirche war, ist man vielleicht mehr oder weniger lautlos mitgeschwommen, ohne dass man auf diese Frage persönlich zu antworten hatte. Als gelegentlicher Kirchgänger hat man vielleicht sogar rituell das Glaubensbekenntnis mit aufgesagt im Gottesdienst – aber was ist jetzt, da ich institutionell heimatlos in der Welt stehe? Was ist noch übrig? Gibt es für mich wirklich einen Gott, und wenn ja, wie stelle ich mir den vor? Gibt es für mich so etwas wie ein Leben nach dem Tod oder gar eine Auferstehung der Toten, wie es im Glaubensbekenntnis heißt? Und wie habe ich mir das vorzustellen? Es gibt schließlich jetzt keinen mehr, der mir diese Erklärung abnimmt. Mit dem Kirchenaustritt ist, wie schon angedeutet, auch das Ende der Bequemlichkeit verbunden, das Ende der »selbstverschuldeten Unmündigkeit«, wie es bei Kant in seinem berühmten Text zur Aufklärung heißt – ohne dass man sich jetzt gleich in die Ecke setzen muss, um eine ausgefeilte eigene Philosophie zu entwickeln. Aber es geht um Plausibilität, es geht darum, nachvollziehbare Gedanken zu entwickeln, zu denen man sich bekennt, sie sich zu eigen zu machen und sozusagen im kleinen privaten Rahmen einfach glaubwürdig zu sein. Auch wenn mancher es verpönt, dass viele Leute sich ihren eigenen Glauben »zurechtbasteln«, es bleibt einem erst einmal gar nichts anderes übrig. Faktisch tut das ein jeder, der sich ernsthaft mit seinem Glauben auseinandersetzt, denn auch wenn man den großen Glaubenssätzen ohne Weiteres vertrauen mag, so muss man sie doch in den eigenen Alltag integrieren. Insofern »bastelt« jeder an seinem Glauben, der Unterschied ist nur, dass, wer aus der Kirche austritt, nicht mehr so viel Halt in den festen Glaubenssätzen findet. Manche Menschen, die innerlich und äußerlich an diesem Punkt angelangt sind, neigen dazu, dann »doch mal wieder« in die Kirche einzutreten. Ich kann nicht leugnen, dass dies eine verführerische Perspektive ist: Man hat sich mal kurz draußen umgeschaut, hat einen Hauch von Emanzipation verspürt und kann dann, sozusagen »mündig«, wieder eintreten. Aber es ist eine Verführung, die nach kurzer Zeit im alten Trott endet, auch wenn man diesen alten Trott dann vielleicht neu und mit erhobener Stimme nach außen hin vertritt und »bewusst« Kirchenmitglied ist – im Grunde jedoch hat man nur davor gekniffen, wirklich neue Wege zu gehen.

Eine kurze biblische Geschichte dazu: Als das Volk Israel sich damals durch jenen bereits erwähnten Exodus aus der Sklaverei der Ägypter befreite und ewig lange durch die Wüste zog, erreichte es einen Punkt, wo es einigen wirklich genug wurde mit der Hitze, der Dürre, dem Mangel an (körperlicher und geistiger) Nahrung. Die Flüchtlinge erinnerten sich an die Fleischtöpfe, an die Zwiebeln, an das herrliche Gemüse, die es immerhin in Ägypten gab. Es waren zwar keine Delikatessen, und man hatte auch nur so ein bisschen teil an dem, was andere ernteten und übrig ließen, aber zumindest gab es etwas zu essen, und ganz so schlecht war es auch nicht: »Eigentlich ging es uns doch gar nicht so schlecht!« – Genauso ergeht es einem, wenn man sich auf neue Wege begibt. In der biblischen Geschichte wird Gott wütend über diese Feigheit, diese rückwärtsgewandte Sehnsucht, und das völlig zu Recht. Also geben Sie nicht auf, gehen Sie nicht rückwärts! Und fallen Sie nicht auf den Irrglauben herein, dass man zurückkehren muss in das alte Ägypten, will sagen in die alte Kirche, um sie dann »von innen heraus« verändern zu können. Da ändert sich gar nichts, solange man nicht das Alte hinter sich lässt.

Mal unter uns gläubigen Christenmenschen gesprochen (die anderen mögen mir diesen kurzen Einschub bitte verzeihen): Wenn sich jemand wirklich im Vertrauen mit Gott befasst, dann wird Gott sich auf immer neue Art und Weise fassen lassen, denn das Leben läuft nicht rückwärts. Es wird Zeit, die alte Gestalt von Kirche hinter sich zu lassen und dem lieben Gott eine neue Chance zu geben. Das, was an Leben, an Tatkraft da ist, auch und gerade in den Kreisen derer, die an Gott glauben und die der Kirche noch zugewandt sind, darf nicht noch weiter verkümmern und auf sich warten lassen. Die Welt braucht dieses kostbare Gut namens Glauben, sie sehnt sich seufzend nach Erneuerung. Geschieht nichts, geht uns der Blick auf die Welt als Schöpfung, als etwas, das nicht uns gehört, sondern das uns anvertraut ist, verloren. Auch das ist – neben dem dringend gebotenen Umweltschutz – Erhalt der Schöpfung. Es ist gleichsam die innere Seite dieser äußerlich notwendigen Veränderung unserer Welt. Wenn wir die Welt weiterhin als Schöpfung erfahren wollen, müssen wir uns aus der Verstarrung lösen, müssen wir emanzipierter glauben und endlich auch institutionell die Konsequenzen ziehen,»ohne Kirche« glauben lernen. Wenn Sie sich auf den Weg machen, werden Sie sehen: Es klappt!

Alte Gottesbilder

Um ohne Kirche zu glauben, bedarf es nicht gleich einer vollständigen Liste von Wahrheiten oder irgendwelcher Konstrukte oder systematisch erarbeiteter Zusammenhänge. So geht glauben nicht. Glauben heißt viel mehr, dass man sich neu auf den Weg macht, einfach noch einmal bei null beginnt. Nichts ist ohne Weiteres selbstverständlich. Wie erwähnt bin ich mit dem Wort »Gott« weitaus vorsichtiger geworden. Ich habe gemerkt, dass es inmitten der gefühlten Leere viel einfacher geworden ist, über den »lieben« Gott zu sprechen, den Gott der Liebe. Der Austritt aus der Kirche hat einiges an alten Gottesbildern in mir aufgebrochen. Das Bild von einem Weltenherrscher, der nach Willkür oder als Fügung dem einen Glück, dem anderen Krankheit und Schicksalsschläge bringt, hatte ich schon längere Zeit hinter mir gelassen. Wer einmal wie ich in meiner Zeit als Krankenhausseelsorger auf einer Krebsstation oder in einer MS-Klinik die Runde gemacht hat, der wird schnell erkennen, dass dies ein merkwürdiger Gott sein muss, der Menschen auf diese Art und Weise leiden lässt. »Wenn es den tatsächlich geben sollte, dann möchte ich mit ihm nichts zu tun haben«, habe ich mir damals gesagt, »der ist nicht mein Gott.«

Wenn Gott Liebe ist, dann ist er genauso mächtig und machtlos, wie die Liebe selbst es ist, von der man zu Recht sagt, dass sie alles vermag. Allerdings kann sie auch nicht einfach wie ein Zauberer mit dem Zauberstab in den Lauf der Dinge einbrechen. »Es ist, was es ist«, und wir müssen lernen, damit zu leben.

Wir sprechen übrigens nicht von einer reinen Schmuseliebe, sondern von einer Liebe, die echte Auseinandersetzung erträgt und fordert; die Wahrheit vertragen kann, auch wenn sie einem direkt ins Gesicht gesagt wird; die zuhört und hinhört auf das, was man selbst spürt und als wahr erkennt. Wer dies ernst nimmt, der macht sich auf einen Weg, von dem er nicht genau weiß, wohin er führt, denn er ist nicht festgeschrieben. Es kann Ihnen keiner genau sagen, was Sie auf diesem Weg erwartet, nur eines wird von vielen bezeugt: Es lohnt sich, ihn zu gehen, es lohnt sich, »Liebe zu leben«. Und noch etwas: Solch einen Weg geht man im Alltag, das ist kein Sonntagsglaube. Liebe, die hoch erhaben und nicht alltagstauglich ist, ist im Grunde keine Liebe – ist nicht glaubwürdig, und das im vollen Sinne. Glauben ist eher etwas für montags.

Es ist manchmal gar nicht so einfach, das Bild des allmächtigen Gottes, der für jeden Schicksalsschlag verantwortlich ist, abzulegen; der einen belohnt oder womöglich gar straft. Solch eine Vorstellung steckt ganz tief in einem drin, denn sie passt haargenau in das kleinkindliche Bild des Übervaters, und solange man daran festhält, braucht man auch nicht erwachsen zu sein, selbst Verantwortung zu übernehmen, mit unerklärbaren Gegebenheiten zu leben, offene Fragen auszuhalten. Die meisten Menschen sind sehr wohl erwachsen, denke ich, aber auch ich entdecke immer wieder, dass ich dieses kleinkindliche Gottesbild noch in mir trage. Manchmal kann man es einfach loslassen, manchmal muss man sich regelrecht davon frei machen. Da bittet und bettelt man im Ernstfall eben doch, dass der histologische Befund nach der Operation negativ ausfallen oder dass diese oder jene Prüfung ein gutes Resultat bringen möge. Vielleicht sogar mit einem Kerzchen am Marienbild, um etwas zu bewirken oder gar den lieben Gott gnädig zu stimmen. Dies alles ist übrigens nicht zu verwechseln mit einem kindlichen Vertrauen, das einem manchmal in der Liebe begegnet, wenn man sich ohne Bedingungen auf einen Menschen einlässt, ihm anhängt, vertraut. Vielleicht wird man dabei irgendwann feststellen, dass man von manchen Menschen enttäuscht wird. Aber man wird vielleicht auch spüren, dass die Liebe selbst einen auch dann nicht verlässt, dass man sich in tausendundeinerlei Dingen, in tausendundeinerlei Menschen auf die Liebe selbst einlassen kann; dass die Liebe nicht »etwas« ist, sondern sie ist sozusagen »jemand«. Und dass dieser Jemand, für den man keine rechte Bezeichnung, keinen Namen hat, einen nicht im Stich lässt: Man fühlt sich getragen von der Liebe selbst. Und dann ist es auch wunderschön und sinnvoll, eine Kerze zu entzünden, irgendwo an einem stillen Ort oder vielleicht sogar vor einem

Marienbild, und dabei in Gedanken intensiv bei einem anderen zu sein, sich innerlich fallen zu lassen, und im Vertrauen auch um etwas zu bitten. – Um solche Erfahrungen geht es. Es ist völlig sekundär, ob Sie diesen Jemand nun Gott nennen oder nicht. Vielleicht sollte man tatsächlich diesen so lange missbrauchten Namen einfach mal streichen, Hauptsache, man weiß, wer und was gemeint ist. So, wie ich mir vorgenommen habe, nicht mehr von Gott, sondern nur noch von Liebe zu reden. Das ist ein ganz wichtiger Schritt, und den Versuch ist es allemal wert.

Tankstellen suchen

Wo aber findet man neue Quellen für diese Liebe? Woher nimmt ein Mensch die Kraft, seinen Weg weiterzugehen? Wie kann ich mein geistliches Leben – wenn man es denn überhaupt so hochtrabend bezeichnen will – nähren und unterstützen?

Für viele, die austreten, ist die Messe oder der Gottesdienstbesuch wahrscheinlich schon länger kein Ort mehr, aus dem man Kraft schöpft. Es gibt aber auch andere Kraftquellen, doch muss man schon etwas dafür tun, um die für sich passenden zu finden. Man kann den Bezugsrahmen, den die Kirche bietet, auch nicht einfach mal eben eins zu eins ersetzen, vielleicht findet man erst einmal nur Teilaspekte dessen wieder, was vorher nahezu selbstverständlich da war.

Die Kraftquellen müssen übrigens gar nicht unbedingt tiefsinnig sein. Mir selbst hat es sehr geholfen, regelmäßig joggen oder spazieren zu gehen, mal alleine zu sein und es mit mir selbst und der Stille um mich auch auszuhalten. Einfach mal still sein, auch äußerlich Stille herstellen, kann ein richtiger Kraftbrunnen sein. Ich denke zum Beispiel an die viel zitierte »Parkbank«, die an die Stelle der »Kirchenbank« tritt, wo man mitten in der Natur ganz anders glauben lernt und wo man, so wie mancher sich ausdrückt, »mit dem lieben Gott ein Schwätzchen hält«. Das erfordert keine große Organisation, das geht einfach so, quasi nebenbei.

Es gibt auch Menschen, die in dieser Orientierungsphase aus explizit ausgeübter Meditation ihre Kraft schöpfen. Das ist sicherlich sehr gut, aber es erfordert schon eine gewisse Disziplin zum einen. Zum anderen habe ich feststellen müssen, dass ich nicht einfach so ungehobelt und direkt in eine neue Form der Einkehr, der Besinnung, des Betens hinüberwechseln konnte. Aber das soll keinen daran hindern, sich darauf einzulassen: Wen die Meditation anspricht, der soll meditieren. Ähnliches gilt auch für Yoga: Es ist womöglich gut, sich erst einmal körperlich aufrichten zu lernen, um dann zu spüren, dass der Geist dem folgt. Ähnlich verhält es sich mit Fastenübungen. Die haben in sich einen durchaus »weltlichen« Sinn, sie reinigen den Körper, machen den Geist klarer und empfänglicher. Dafür braucht man in keiner Weise gläubig zu sein, aber umgekehrt sind sie sinnvoll, um über ein klareres Denken und offeneres Empfinden sich dem zu nähern, was man in sich selbst als Wesenskern erfährt.

Es kann auch ein offenes Gespräch sein mit einer vertrauten Person, ebenso ein Konzert, das Sich-Einlassen auf Musik oder Poesie, auf ein Buch oder einen Film, der nicht nur an der Oberfläche kratzt, auch wenn er dafür vielleicht keinen Oscar bekommen hat. Egal was, es tun sich jedenfalls ganz viele Möglichkeiten auf, aber man erkennt sie erst, wenn man den alten Kontext verlassen hat. Es gibt Nahrung, immer wieder, unterwegs. Das Merkwürdige ist eben, dass man sich in die Trockenheit, die Wüste hineinbegeben muss, um überhaupt Oasen, Wasserstellen zu finden. Sie tun sich erst auf – besser: man bekommt erst wirklich einen Blick dafür –, wenn man sich auf den Weg gemacht hat.

Glauben ist nicht so sehr ein Für-wahr-Halten, sondern eine Verbindung, eine Beziehung, die man eingeht. Das, was ich lebe und erlebe, setze ich in Bezug zur Liebe, versuche ich mit liebevollem Blick zu schätzen und zu erkennen. Manchmal »rede« ich auch regelrecht mit der Liebe, setze mich mit ihr auseinander. Was anders ist Beten als dieses In-Beziehung-Stehen, mal explizit, mal implizit? Und wenn ich mich mittels einiger Übungen, zum Beispiel mit Meditation oder Fasten oder mit Übungen der Achtsamkeit, ganz besonders darauf konzentriere, dann ist dies für mich »Beten mit Leib und Seele«. Für manche mag es hilfreich sein, zum Beten bestimmte Formeln oder Sätze zu verwenden oder sich in Texte hineinzufühlen, deren Kraft sich über viele Jahrhunderte erwiesen hat (in der Hoffnung, dass die Übersetzung sie nicht entkräftet hat). Die Bibel und die kirchliche Tradition haben diesbezüglich einen ungeheuren Schatz vorzuweisen. Aber im Alltag genügt es oft, sich ab und an bewusst zu machen, mit wem man in Verbindung steht, um alles aus diesem Kontext heraus, in dieser Verbindung zu erleben. Beten heißt »in-Beziehung-stehen«.

Warum sollte man dazu nicht auch einfach mal in eine Kirche gehen, einfach um Ruhe zu haben, einfach um zu beten?

Ein bisschen Gott

Kürzlich hatte ich ein Brautpaar bei mir sitzen, zwei recht junge Menschen, Ende zwanzig, mit denen ich über ihre bevorstehende Trauung sprach. Ich habe sie gefragt, ob und inwieweit es ihnen wichtig sei, sich ihr Jawort und ihr Versprechen »vor Gott« zu geben. Ihre Antwort lautete etwas zögerlich: »Ja, ein bisschen.« Dieses Brautpaar ist kein Einzelfall, im Grunde lautet die Antwort sehr oft so oder ähnlich, es sei denn, dass die beiden mit dem Wort »Gott« überhaupt nichts mehr anfangen können. »Ich glaube schon an etwas; dass es so eine Art höhere Macht oder tieferen Sinn gibt oder so«, heißt es dann auf Nachfrage, »aber ich will dieses ganze Brimborium drum herum und diesen komischen Tonfall nicht dabei haben.« Ähnliches begegnet mir, wenn ich bei einem Trauerfall mit den Angehörigen spreche und sie frage, ob sie daran glauben, dass es nach dem Tod noch etwas gibt. Auch da lautet die Antwort oft: »Ich weiß es nicht genau, aber so ein bisschen glaube ich schon daran.«

Darüber mag man als kirchlich sozialisierter Mensch vielleicht bestürzt sein oder, im Fall der Brautleute, darüber lächeln, dass sie sich »ein bisschen Gott« in ihrer Trauung wünschen – aber dies ist die Realität. Man mag beklagen, dass junge Leute (es sind durchaus nicht nur die jungen) gleichsam in den Supermarkt gehen und sich ein bisschen von diesem und ein bisschen von jenem in den Einkaufskorb tun, gerade so, wie es ihnen in den Kram passt. Aber dann muss man auch die Gegenfrage stellen: Was sollen sie denn sonst tun? Und wenn ein Mensch die Hoffnung nicht aufgibt, dass es nach dem Tod weitergeht, einfach weil er nicht wahrhaben kann oder will, dass da eine geliebte Person wirklich unwiederbringlich tot ist – ist das dann einfach nur ein selbstgemachter Glaube? Selbst wenn, sei auch hier die Frage erlaubt: Was soll der Mensch denn anderes tun? Es hat ihn niemand näher an das Thema herangeführt. Ich glaube tatsächlich, dass in unserer Zeit ein »kleines Einmaleins« des Glaubens nötiger ist denn je. Diejenigen, die sich ein bisschen (!) auskennen auf einem authentischen Lebens- und Glaubensweg, müssen davon berichten, können Wege weisen, Erfahrungen weitergeben. Warum? Weil es in der Kirche nicht mehr, oder zumindest nicht ausreichend und keinesfalls offen genug, geschieht. Da bedarf es weiser Menschen und überdies einer Wertschätzung weiser Menschen, wobei es gar keine Rolle spielt, welcher Religionsgemeinschaft sie angehören.

Es lässt sich durchaus etwas anfangen mit diesem »bisschen« Gott. Das gilt es aufzugreifen, indem man an positive Erfahrungen anknüpft, ganz »weltlich«, ganz alltäglich, indem man Transzendenz deutet, Ereignisse, die über das hinausgehen und hinausweisen, was »normale« Realität ist. Dabei sollte man aber kirchliche Worthülsen vermeiden, denn die sind bei vielen noch vorbelastet und mit Fehldeutungen behaftet. Trotzdem ist es gut, von diesen Dingen zu sprechen. Man muss, mit einem Wort von Bonhoeffer, »weltlich reden von religiösen Dingen«. Umgekehrt gilt auch: Man muss in weltlichen Dingen Gott auf die Spur kommen und diese in ihrer Sinnhaftigkeit auch mal explizit zu deuten wagen, auch wenn die Interpretation nicht aus dem Katechismus stammt. Es gib keinen anderen Glauben als einen weltlichen. Wo und wie sonst sollen wir denn glauben, der Liebe begegnen, mit wem oder was uns in Verbindung setzen, uns aufgenommen fühlen? Ein erhabener Glaube, der sich über alles stellt und nicht mehr in der Wirklichkeit verhaftet ist, der mag für den betreffenden Menschen sehr schön sein, aber den braucht eigentlich keiner.

Ich habe, vereinfacht gesagt, noch kein Brautpaar getroffen, das nicht in irgendeiner Form an Liebe glaubt. Natürlich ist dies meistens erst einmal eine ganz einfache Liebe, wie die bereits erwähnte »Schmuseliebe«. Die aber ist nicht nur schön, sondern auch so stark, dass die beiden Liebenden darauf setzen, dass ihre Liebe sie auch dann tragen wird, wenn es schwierig wird, wenn einem nicht mehr alles einfach so zufliegt. Oft haben sie solche Momente schon durchlebt. Dann haben sie gespürt, dass sie auf ihre Liebe vertrauen können, dass ihre Verbindung auch dann hält, wenn sie selbst nicht mehr alles in der Hand haben; dass das, was sie erleben, mehr ist als die Summe der Einzelinvestitionen plus Zinsen. Genau darum geht es doch: Der liebe Gott schreibt mit in ihren Biografien. Und es ist gut, dies auch so zu deuten, dass es genau darum geht und dass es wichtig ist, Liebe sich entwickeln und entfalten zu lassen, sich Zeit dafür zu nehmen und sie nicht zu ersticken; dass sie einem entwischt, wenn man sie nur für sich behält oder, moralisch formuliert, dass Egoismus, den man zu zweit betreibt, immer noch Egoismus ist. Da bedarf es der Orientierung, ein bisschen auch der Leitung oder besser noch Begleitung, so wie im Alten Testament ein Engel zu dem jungen Tobit sagt: »Ich gehe mit dir, denn ich kenne deinen Weg.« Es geht dabei um ganz einfaches, menschliches Wachstum; um menschliche Biografien, in denen Gott Koautor, wenn nicht Autor wird. Gott hat viele Namen.

Oder warum, im Todesfall, nicht anknüpfen an die Hoffnung, dass der Tod nicht das letzte Wort haben möge? Es hat überhaupt keinen Sinn, hier sogleich über »Auferstehung« zu reden und damit alle Authentizität über Bord zu werfen. Den Weg der Erfahrung, der Trauer und auch der Rückschläge sollte man mitgehen und nicht sofort einen vorgefertigten »Sinn« parat haben, warum dieser Tod »sinnvoll« sein soll: Das ist er vielleicht gar nicht. Einer Mutter, die ihre zwanzigjährige Tochter durch Krebs verliert, kann ich nicht damit kommen, dass die Krankheit sinnvoll war oder dass womöglich Gott es so gewollt hat, der »gegeben hat und genommen hat«. Was ist denn darin wirklich von Gott? Vielleicht weint er und ist genauso traurig – der Gedanke wäre zumindest tröstend, dass da jemand ist, der einen in diesem Kummer nicht alleine lässt. Und dann sollte man vielleicht erst einmal schauen, was in dem vergangenen Leben »Sinn-voll« war, und weitersehen, wie man diesem Leben und Tod einen Platz in der eigenen Lebensgeschichte geben kann. Es geht also darum, mitzugehen, Gott zu suchen und manchmal selbst erstaunt zu sein, wo er sich überall versteckt hält.

Wichtig scheint mir auf jeden Fall, die Menschen dort zu suchen und abzuholen, wo sie sind, und nicht irgendwo zu stehen und zu sagen: »Kommt hierher, denn hier ist die Wahrheit.« Das mag für Gott möglich sein, aber nicht für uns.

Glut unter der Asche

Lange Zeit hatte man, zumal in den 1960er- und 1970er-Jahren, den Eindruck, dass es regelrecht »glüht« in der Kirche. Da gab es jede Menge neuer Ideen, es gab katholischerseits den Schwung nach dem Zweiten Vatikanischen Konzil, es herrschte gar so etwas wie Aufbruchstimmung. Nun, davon ist heute nicht mehr viel zu spüren, die Glut ist erstickt, vorhandene Brände gelöscht oder ausgebrannt – wobei man immer bedenken muss, dass es Menschen gibt, die ihr (Glaubens-)Schicksal damit verbunden haben, die sich engagiert und manchmal bis zur Aufopferung für ihre Ideen gekämpft haben und die jetzt enttäuscht sind, resigniert haben, keine Wertschätzung erfahren und ihr Engagement nicht von Erfolg gekrönt sehen. Da wurde gekämpft, zum Beispiel für mehr Mitbestimmung »von unten« in der Kirche, für die Zulassung von Frauen zu diversen Ämtern, für eine endlich auch offiziell vollzogene Ökumene der christlichen oder wenigstens der protestantischen und der katholischen Kirche. Auch dafür wurde gekämpft, dass endlich die völlig überflüssige und so viel Leid verursachende Koppelung von Zölibat und Priesteramt aufgehoben wird, was nicht nur dem Priesteramt, sondern auch dem Zölibat selbst, also denen, die mit Überzeugung und in ausgesprochen gutem Geist zölibatär leben – unabhängig vom Amt – guttun würde. Diese Liste ließe sich noch um eine ganze Reihe von Beispielen fortsetzen. Aber was bleibt, ist, dass sich unter dem Strich nichts getan hat. Das war (und ist) nicht gewünscht, zumindest nicht von denen, die letztendlich das Sagen haben in diesem Apparat. Die protestantischen Kirchen wurden herabgestuft, der Name »Kirche« wurde ihnen per Enzyklika aberkannt – und damit der Anspruch auf die alleinige Deutungshoheit der einzig wahren Kirche, der katholischen eben, gefestigt. Die Protestanten ihrerseits bleiben tendenziell lieber unter sich, nicht etwa, dass sie sich für Katholiken nicht öffnen würden, aber wenn man dann wirklich mal eine sachliche Auseinandersetzung anstrebt, wird man plötzlich konfrontiert mit sehr vielen lieb gewonnenen Strukturen, Ämtern, mit kleinen Welten, die nicht zerstört werden wollen, mit einer Glaubensdogmatik, die der römischen kaum nachsteht, nur etwas leutseliger und verständnisvoller daherkommt. Man gelangt bei protestantischen Vertretern sehr leicht in den Hausflur, aber wehe, man fängt an, im Wohnzimmer die Möbel umzustellen!

Für echte Veränderungen geht es unseren Kirchen noch viel zu gut: Sie sind reich, auch wenn sie seit Jahren klagen über zurückgehende Einnahmen – wirklich verändert hat sich noch gar nichts. Man passt die Struktur der Kirchengemeinden den herrschenden finanziellen Gegebenheiten an und streicht zum Beispiel Stellen, mit anderen Worten: Bluten muss die Basis. Das wiederum sind durch die Bank die Leute, die sich in den vergangenen Jahren für etwas eingesetzt haben, die lange in Aufbruchstimmung steckten, die so lange protestiert haben, bis sie es womöglich selbst nicht mehr hören konnten.

Statt zu protestieren geht man heute diplomatische Schleichwege. Da wird ein wenig abgefedert, erträglich gemacht. So nicht! Ich finde, so kann man mit dem lieben Gott einfach nicht umgehen. Es glüht immer noch, aber es liegt eine Menge verbrannter Asche auf dieser Glut. Inzwischen ist es nicht (mehr) damit getan, einfach nur umzuschalten, andere Strukturen zu schaffen oder, was die meisten tun, weiter zu hoffen trotz der Hoffnungslosigkeit und sich irgendwie im Ungemach einzurichten. Was jetzt nottut, ist keine Renovierung mehr, sondern eine Erneuerung. Menschen, die es wagen, aus den vorhandenen Gegebenheiten auszuziehen, die das, was Kirche ist und sein soll, neu definieren und neu vollziehen. Die spirituell aufbrechen und das wieder aufgreifen, was schon da ist, aber anders, lebendiger, frischer. Und das Wichtigste ist: Diesen Aufbruch gibt es schon längst! Er ist da, er darf und kann bislang nur nicht durchkommen. Deshalb müssen wir jetzt einen Schritt weiter gehen, Sie und ich, und nicht nur einen spirituellen Aufbruch wagen, sondern auch einen strukturellen und materiellen Aufbruch, damit der spirituelle endlich Erfolg hat. Wir brauchen eine arme, eine demütige Kirche, die sich von Grund auf neu strukturieren lässt, die endlich mal zu Wort kommen lässt und auf das hört, was ihre Gläubigen denken und sagen. Dazu ist es wichtig, ihr auch und gerade materiell spürbar zu machen, wie wichtig dies für sie ist, damit sie endlich aufwacht.

Eine enthusiastische Massenbewegung wird es nicht geben, keine »perfekte Welle«, sondern nach meiner Einschätzung eine Bewegung, die sich individuell und Schritt für Schritt vollzieht, die ohne Bündelung und Vernetzung auszieht aus den Kirchen und sich neu formiert. Noch ist sie kaum sichtbar, und zugleich ist sie weiter, als man denkt.

Es bewegt sich eben doch etwas, es gibt schon einiges an gelebter Dissonanz, auch und sogar bei denen, die »offiziell«, nach außen hin, eine andere Meinung vertreten. Sollten Sie einmal Gelegenheit haben, mit einem Bischof oder einem anderen höheren Amtsträger ins Gespräch zu kommen und vielleicht tatsächlich ein Glas Wein mit ihm zu trinken und vielleicht auch ein zweites oder drittes, dann werden Sie Aussagen hören, die sich keineswegs mit römischen Ansichten decken. Dies entspricht meiner subjektiven Erfahrung, und ich weiß um ähnliche Erfahrungen meiner priesterlichen (Ex-)Kollegen. Wie dies auf protestantischer Seite ist, entzieht sich meiner Kenntnis und Erfahrung, aber ich wäre gerne bereit, auch einmal mit einer protestantischen Bischöfin eine solche »Weinprobe« zu veranstalten.

Ein anderes Beispiel: Im Rahmen meiner Arbeit komme ich sehr oft mit älteren Menschen in Kontakt, die in ihren Auffassungen sehr katholisch sind. Wenn ich dann erzähle, dass ich einmal Priester war, dann kommt, gerade bei älteren Menschen, wie aus der Pistole geschossen der Satz: »Ja, das ist aber auch Quatsch mit dem Zölibat.« Dass dies für mich gar nicht der Grund war, aus dem Priesteramt auszuscheiden, ist ein anderes Thema, aber die Einschätzung ist unisono. Das bedeutet, dass diese Einsicht selbst in der älteren Generation inzwischen verbreiteter ist als bei denen, die die offizielle Linie vertreten. Die Schere zwischen Gläubigen und Amtsträgern, zwischen Schäfchen und Hirten, klafft weit auseinander. Und das ist auch eine Chance.

Die ökumenische Mönchsgemeinschaft in Taizé in Frankreich wurde und wird von vielen als ein »Frühling in der Kirche« gesehen. Was sich dort seit Jahrzehnten vollzieht und an weltweiter Ökumene gerade unter jungen Leuten gelebt wird, ist wirklich unglaublich. Aber wohin mit »Taizé«, wenn man wieder zuhause ist, wenn man geistlich Luft geholt und durchgeatmet hat – was dann? Man hat immer wieder versucht, die Jugendlichen, die dort waren und die sich haben anstecken lassen von dieser Flamme, die der Heilige Geist in ihnen entfacht hat, kirchlich einzubinden. Das geschah in gutem Glauben, aber es hat, so wie ich es heute sehe, nicht funktioniert. Inzwischen gilt auch hier, dass die Glut nur noch unter einer ganz dicken Schicht von Asche zu finden ist. Man muss bedenken, dass die ers-ten Jugendlichen, die in Taizé waren und mit Begeisterung für ihren Glauben erfüllt wurden, heute um die sechzig Jahre alt sind. Und immer noch gibt es eine weiter steigende Zahl von jungen Leuten, die zur Mönchsgemeinschaft hinfahren, Luft holen, die dort finden, was sie wirklich brauchen, lebendiges Wasser und Brot, das wirklich satt macht. Mit denen allein könnte der liebe Gott sich eine neue Kirche bauen, und ich glaube, er tut es schon, ohne dass wir den Finger darauflegen können.

Inzwischen, ich habe es bereits kurz angedeutet, wächst eine neue Generation heran, die kirchlich-religiös gesehen nur mehr wenig Ahnung hat. Die jungen Leute sind nicht (mehr) kirchlich sozialisiert aufgewachsen, sei es dadurch, dass sie aus dem Osten der Republik stammen und dort eine andere, auch nicht nur positive Einflussnahme erlebt haben, oder dass sie tatsächlich ohne religiöse Erziehung und damit auch ohne die typisch katholischen oder protestantischen Deformationen aufgewachsen sind. Da ist eine vage Sehnsucht zu spüren, aber auch ein echtes Interesse an geistlicher Realität, eine Suche nach Worten und Begriffen für Erfahrungen, die weiter gehen als das konkret Sichtbare. Das Ganze geht übrigens nach meiner Beobachtung einher mit einem großen Hunger nach Gemeinschaft, nach »Dazugehörenwollen«.

Der lateinamerikanische Befreiungstheologe Leonardo Boff hat den Satz geprägt: »Gott kommt früher als der Missionar.« Will sagen, es gibt ein ganz ursprüngliches von Gott, von der Liebe selbst Berührtsein, immer wieder und immer wieder neu, das regelrecht darum bettelt, gehört zu werden, das Worte, Gesten, Riten erfordert, um sich manifestieren zu können. Die Empfänglichkeit dafür ist groß, und nicht nur bei denen, die ganz jung und »unbeschrieben« sind. Ein gewaltiges Potenzial, dem die Kirchen mangels Lebendigkeit nicht mehr gerecht werden.

Wie könnte denn eine erneuerte Kirche aussehen? Vielleicht kann man wenigstens ein paar Elemente einer solchen Neuerung benennen. – Genau das will ich im nächsten Kapitel tun.

wie es vielleicht gehen könnte: elemente einer erneuerten kirche

Nach dem Traum

»I have a dream ...« So wie Martin Luther King könnte man jetzt womöglich eine Vision entwerfen von einer lebendigen Kirche, der Kirche, von der viele träumen. Meist geht der Blick dann zurück auf die etwas idealisierte Urkirche, als Kirche eben noch nichts anderes war als die Gemeinschaft derer, die an Jesus Christus glauben. Man denkt an die Zeiten vor und nach der Christenverfolgung, bevor das Christentum auf einmal Staatsreligion wurde. Dies alles liefert eine Menge positiver Ansätze, auch wenn das eine oder andere vielleicht etwas romantisiert und verklärt dargestellt wird. Erinnerung und Rekonstruktion sind freilich immer weitaus weniger gefährlich als die Gegenwart. Vielleicht denkt man auch pfingstlerisch an vom Heiligen Geist direkt inspirierte Gruppen und Gemeinschaften, in denen Glaube und Wort Gottes quasi unmittelbar spürbar werden in Liturgie und Gesang. Leider aber neigen solche Gruppierungen häufig zu Fanatismus, zu Elitebildung und Rechthaberei. In ihnen wird Liebe verkündet und untereinander, im kleinen Kreis der Erwählten, auch gelebt, nach außen aber herrscht eher ein Krieg der Überzeugungen und Menschen werden einer Idee geopfert.

Oh ja, geträumt habe ich auch sehr lange. Aber zum einen bin ich mir heute nicht mehr so sicher, ob das in diesem Kontext wirklich weiterbringt, denn schon zu viele haben zu lang von einer Kirche geträumt, in der es Platz gibt für alle, in der eine wirkliche Hierarchie (wörtlich: heilige Ordnung) herrscht und nicht die Macht regiert, die nicht reich ist, sondern an der Seite der Armen steht und vieles andere mehr. Aber diese Träumerei ist mir zu unverbindlich und auch nicht praktisch genug. Denn wir leben jetzt, und natürlich ist es gut, eine Vision, einen »Suchentwurf«, vor Augen zu haben, an dem man sein Handeln ausrichtet. Doch macht inzwischen die offizielle Kirche weiter wie bisher, geht tendenziell noch weiter weg von dem, was der Traum verspricht und was er schließlich auch erwirken soll. Zum anderen geht es gar nicht darum, ein Modell von Kirche zu entwickeln, nach dem es sich – irgendwann einmal – leben lässt oder an dem man sich langfristig ausrichtet, sondern es geht darum, etwas zu tun, Mittel und Wege zu finden, *hier und jetzt* ohne diese kirchliche Institution gläubig zu leben und auszukommen, Schritt für Schritt, und so ganz konkret und pragmatisch die Kirche von außen zu verändern, außerkirchliche Opposition zu betreiben, aber eben nicht in der Rolle der Opposition stecken zu bleiben, sondern neue, praktische Ansätze zu bieten und umzusetzen, derart, dass sich endlich tatsächlich etwas zum Guten wendet. Darum erspare ich mir an dieser Stelle alle schönen Visionen und schaue stattdessen auf einzelne Elemente einer anderen, einer erneuerten Kirche. Die Umsetzung dieser Gedanken ist jetzt bereits, zumindest ansatzweise, machbar und könnte nach und nach vielleicht wirklich etwas bewegen.

Wie könnte es denn gehen, wenn man ohne Kirche glauben will? Ob und wie er glaubt, ist erst einmal Sache des Einzelnen, und erst aus der gelebten Erfahrung heraus, aus dem Austausch über diese Erfahrungen entsteht gläubige Gemeinschaft. Zuallererst geht es darum, Dinge zu erfahren, die weiter gehen als das, was der Alltag einem vorgaukelt. Ich glaube eigentlich, dass es an solchen Momenten auch heute keineswegs mangelt, und wie groß die Sehnsucht danach ist, habe ich an anderer Stelle in diesem Buch bereits erwähnt. Diese Sehnsucht ist gut. »In dunkler Nacht ziehen wir hinaus, um lebendiges Wasser zu finden, und nichts als der Durst danach wird uns leiten«, so heißt es in einem Lied aus Taizé. Es ist wichtig, diese Sehnsucht, diesen Durst wahrzunehmen. Das erfordert ein gewisses Maß an Stille, an Selbstwahrnehmung, an innerem und äußerem Abstand. Dies kann nicht gelingen, wenn man nur von einem Termin zum anderen hetzt oder in einer rein konsum- und medienorientierten Welt lebt. Ich sage das übrigens ohne den moralischen Zeigefinger zu erheben, denn oft zeichnet sich in solch einem Lebensstil eher eine Not ab als eine freie Entscheidung. Man muss sich also zumindest ab und an mal losmachen von diesem Trubel, von dem »Immer-so-weiter«, einfach mal stillstehen, innehalten. Es gibt da dieses schöne Wort des Schriftstellers Ödön von Horváth: »Ich bin eigentlich ganz anders, ich komme nur nicht dazu.«

Früher hatte übrigens der Gottesdienstbesuch unter anderem genau diesen Zweck: zu festgesetzten Zeiten innehalten oder mitten im Alltag der Stille eine Chance geben. Dazu habe ich im vorigen Kapitel bereits einiges geschrieben. Was aber, so frage ich, könnte man in der Kirche konkret anders machen, damit sich etwas bewegt, damit der Traum von einer inspirierten und lebendigen Kirche endlich konkret umgesetzt wird? Wie könnte es gehen und was brauchen wir dafür?

Wie gesagt, keine Vision, keine umfassende Erklärung, kein Lehrgebäude, sondern einfach nur ein paar Elemente, die möglicherweise dazu beitragen, etwas zu verändern und eine erneuerte Kirche zu erlangen. Man müsste erst einmal ein paar Schritte gehen und dann sehen, wohin der Weg führt, denn man kann schließlich erst dann um die Ecke schauen, wenn man bis dorthin gegangen ist.

Arme Kirche

Eines ist in diesem Buch bereits ausführlich angesprochen worden: Ich halte in der momentanen Situation den (fiskalischen) Kirchenaustritt für einen wichtigen Schritt, um die Kirche auf andere, bessere Bahnen zu lenken, einfach indem man ihr ein bisschen von ihrem Reichtum entzieht, der sich Monat für Monat ganz automatisch in Millionenhöhe auf ihrem Konto anhäuft. Haben Sie keine Angst, dass dadurch irgendwelche karitativen Einrichtungen bankrott gehen: Der Anteil aus der Kirchensteuer, der wirklich direkt in solche Einrichtungen fließt, ist, wie eingangs schon angedeutet, dermaßen gering, dass er sich mit einigen leichteren Umschichtungen ohne Weiteres auf anderen Wegen auffangen ließe. Die meisten, auch karitativen Einrichtungen tragen sich selbst, wie zum Beispiel Krankenhäuser oder

Kindergärten. Andere segensreiche Einrichtungen, die teilweise durch Kirchensteuermittel am Leben erhalten werden, leben von Spenden. Da wäre es dann viel sinnvoller, das Geld, das man als Kirchensteuer entrichtet, direkt an derartige Einrichtungen und Institutionen zu spenden. Dann kommt es wenigstens an und man erspart sich eine Menge kirchlicher Ideologie. Denn auch wenn Kirchenvertreter inzwischen oft sichtlich gelangweilt reagieren ob der immer gleichen Themen: Es hat sich eben immer noch nichts daran geändert, ich wiederhole es hier, dass ein Mitarbeiter einer katholischen Einrichtung, zum Beispiel eines Krankenhauses, deswegen entlassen wird, weil er geschieden ist und wieder geheiratet hat. Und es hat sich auch immer noch nichts daran geändert, dass ein noch so inspirierter und persönlich überzeugender und integerer Priester, der eine Frau kennenlernt und diese heiraten möchte, ohne Pardon gefeuert wird. Es hat sich auch nichts daran geändert, dass Frauen aufgrund ihres Geschlechts aus einflussreichen Positionen herausgehalten werden, obwohl die Kirchen der Reformation seit Jahrhunderten beweisen, dass diese »naturgemäße« Aufgabenverteilung Unsinn ist. Und es hat sich immer noch nichts daran geändert, dass Bischöfe und Kardinäle ihre Gehälter vom Staat beziehen, und zwar reichhaltig, bis zur Gehaltshöhe eines Staatsministers, Pensionen inklusive. Man müsste sich einmal vorstellen, jüdische Rabbiner oder gar moslemische Imame und Mullahs würden ebenfalls so fürstlich auf Staatskosten leben: Ein Aufschrei würde durch Deutschland gehen! Vonseiten der Kirche will man das gar nicht mehr hören, dieses Thema sei ein alter Hut, so wird suggeriert, aber geändert hat sich bis dato gar nichts, und das ist schlicht und ergreifend nicht in Ordnung.

Was wir brauchen, ist eine arme Kirche, und das meine ich nicht nur im übertragenen Sinne, sondern auch im wörtlichen, denn das meiste, was die Kirche einnimmt, gebraucht sie für sich selbst, und dafür ist es doch eigentlich nicht gedacht. Natürlich muss eine Gemeinde auch materiell existieren und funktionieren können, aber das mögen dann bitte auch diejenigen tragen, und zwar freiwillig, die diese Gemeinden bilden. Ich glaube, dass sich auch geistig und geistlich, also im Denken ebenso wie im gläubigen Erleben und der pas-toralen Arbeit, einiges tun würde, wenn die Kirche nicht mehr so reich wäre. Klar bedeutet dies erst einmal einen Abbau vieler Strukturen und Einrichtungen, und sicherlich auch mancher, die durchaus ihren Sinn und ihre Berechtigung haben, man denke zum Beispiel nur an die Kirchenmusik, die sich völlig andere Wege suchen müsste. Es ist längst nicht alles schlecht, was die Kirche macht, aber das System als solches ist krank, und es bedarf einer grundlegenden Erneuerung, um überhaupt noch (besser: wieder) leben zu können.

Ganz unten anfangen

Warum sollten katholische Priester bzw. evangelische Pfarrerinnen und Pfarrer nicht erst einmal einen ganz normalen Beruf erlernen, mit dem sie sich und ihre Familien ernähren können? Wenn es dann Leute gibt, die sich aus Überzeugung zusammenschließen, um den einen oder anderen tatsächlich materiell freizustellen und für seine Versorgung aufzukommen, weil man es für richtig und sinnvoll hält, dass dieser Mensch sich ganz oder in Teilzeit der seelsorglichen Arbeit widmet, dann kann man dies doch durchaus machen. Dafür braucht man keine amtliche und schon gar keine verbeamtete Hierarchie, die das genehmigt und von oben diktiert. Eine geistliche Hierarchie, die kann es auch ohne diesen ganzen Apparat geben. Das funktioniert in freikirchlichen Gemeinden, zumal in anderen Ländern, auch, warum sollte dies in der offiziellen Kirche nicht möglich sein?

An dieser Stelle muss ich etwas gestehen, das mir im Grunde ziemlich peinlich ist. Aber es ist typisch für eine Mentalität, derer sich viele (wie ich) gar nicht mehr bewusst sind. Als ich im kirchlichen Dienst als katholischer Priester und Krankenhausseelsorger tätig war, meinte ich, dass ich ein durchaus engagierter Seelsorger sei. Ob dies tatsächlich so war, will ich mal dahingestellt lassen, das obliegt nicht allein meiner eigenen Beurteilung. Als ich aber später freiberuflich als Theologe tätig wurde und von einzelnen Aufträgen lebte, da hat sich – so muss ich zu meiner Schande gestehen – doch einiges geändert. Nur ein kleines Beispiel als Pars pro toto: Wenn mich früher am Wochenende oder spätabends jemand anrief, war ich unwillig: »Mein Gott, wer will denn da schon wieder was von mir?« Wenn heute mein Telefon zu diesen Zeiten klingelt, denke ich: »Oh klasse, neuer Auftrag!« Dass ich zudem über Handy und E-Mail erreichbar bin, ist längst selbstverständlich. Und genau dies ist der Unterschied, dass ich für den eigenen »schnöden Mammon« ganz selbstverständlich und engagiert kämpfe, so wie jeder Freiberufler und Kleinunternehmer in anderen Berufsfeldern auch, und das zu weitaus anderen Konditionen als zu der Zeit, als ich noch »gefühlt« für Gotteslohn arbeitete und monatlich mein festes Gehalt bekam. Damit will ich wohlgemerkt meinen derzeitigen Status als Freiberufler keineswegs verherrlichen oder als Modell darstellen, denn der hat durchaus seine Schwachstellen und kritikwürdigen Seiten. Aber ich würde die selbstständige Arbeit jeder bzw. jedem meiner konfessionsgebundenen Kolleginnen und Kollegen einmal für eine gewisse Zeit empfehlen, um zu spüren, wie viel Engagement allein schon der Lebensunterhalt erfordert, ohne gleich von hehren geistlichen Zielen zu sprechen. Dass diese Empfehlung für die höheren Hierarchiestufen im kirchlichen Apparat ebenso gilt, vielleicht sogar in verstärktem Maße, das versteht sich von selbst.

Inzwischen weitet sich die freiberufliche Seelsorge immer weiter aus. Wo man sich kennenlernt anlässlich einer Trauung oder einer anderen Feier, entsteht Kontakt, wächst in Gesprächen Vertrautheit. Kommt dann vielleicht ein Kind, das im Kreise von Familie und Freunden willkommen geheißen werden soll, oder stirbt jemand in der Familie, kommt der Anruf:»Können Sie vielleicht auch ...?« Es bildet sich Gemeinde rundherum, aus der konkreten Dienstleistung heraus. Das ist nicht das Gleiche wie eine eigenständige Gemeinschaft an der Basis – dazu werde ich später noch ein paar Sätze schreiben. Hier entsteht, vielleicht erst einmal nur für eine Übergangszeit, personale Gemeinde, gebunden durch einen oder mehrere Dienstleister in der Seelsorge. Dienstleister, die davon leben, dass sie gute Arbeit verrichten, dass sie Menschen etwas geben, was sie wirklich brauchen, und die selbst ihre Überzeugung leben, weil sie diese sonst nicht lebendig und begeistert als Dienstleistung geben und (sprechen wir es ruhig aus) »verkaufen«, ihren Dienst nicht authentisch verrichten können. Wenn ein Seelsorger nicht authentisch ist, spüren das die Kunden – ein Manko, das man auch nicht durch Preisdiscount wettmachen kann.

Erweiterungen sind in Sicht: Unter dem Kürzel »MoSe« für »Mobile Seelsorge« will ich, zusammen mit Kolleginnen und Kollegen, demnächst stille Andachten halten, Gedenkfeiern zu bestimmten Anlässen oder auch ohne konkreten Anlass anbieten, Momente und Orte der Stille schaffen, thematisch ausgerichtet, finanziert durch Kollekten oder freiwillige Beiträge. Dieses Projekt ist nicht an eine Konfession, nicht an einen bestimmten Glauben gebunden. Wir wollen keine neue Zentrale errichten oder gar eine eigene Kirche, sondern mobil bleiben, dorthin kommen, wo Bedarf besteht, wo es Möglichkeiten und Interesse gibt.

Diese Idee mag manchen vielleicht erschauern lassen, weil sie so unternehmerisch klingt: Stimmt! Seelsorge fordert Unternehmergeist, fordert Initiative, Wagnis, neue Ideen. Und sie soll denen mal ein wenig Zunder machen, die sich auf ihren Besitzständen ausruhen. Wer weiß, wohin uns dies noch führt. Unser Projekt bündelt jedenfalls die um sich greifende Individualisierung, führt wieder zusammen. Vielleicht ist dies auch ein Weg, Gemeinschaften zu bilden, auch wenn ich dies vorerst nicht zu idealistisch sehen möchte. Denn zunächst geht es in einem bereits bestehenden Familien- oder Freundeskreis um ein Bedürfnis und um eine entsprechende Dienstleistung. Ob und inwieweit dadurch auch etwas durchkommt, das Wurzeln schlägt und weiterwächst und gute Frucht trägt, wird die Zukunft zeigen. Warum sollte man nicht auch privat religiöse Erziehung bzw. einen solchen Unterricht für Kinder und Erwachsene anbieten?

Dass man Seelsorge nach dem Motto »cash for care« als Dienstleistung an den Mann bzw. an die Frau bringt und davon materiell lebt, ist nicht ideal, daran ließe sich sicherlich einiges verbessern, aber für eine Übergangszeit – und die dauert nicht nur ein paar Wochen und Monate, ich rechne eher mit Jahrzehnten oder gar noch länger – ist dies vielleicht erst einmal eine Lösung. Der Einwand, dies führe zu einer »Kommerzialisierung« der Seelsorge, ist sicherlich nicht ganz von der Hand zu weisen, aber schauen wir doch mal konkret hin: So kommerziell sind die Kirchen schon lange und in weitaus größerem Maße! Und manchmal sind sie auch viel perfider, indem nämlich über die abgebuchte Steuer Einkünfte und Leistung gar nicht mehr ins Verhältnis gerückt werden, sondern ihre eigene Dynamik entwickeln.

Es wäre gut, noch mal ganz unten zu beginnen, wo Menschen sich zusammentun, weil ihnen diese Welt nicht egal ist, wo sie ihre gläubige Überzeugung selbst leben und sich nicht in ihrem vermeintlichen Überfluss bedienen lassen wollen; wo man sich zusammenschließt und kleinere Gruppen und »Gemeinden« bildet, regional oder überregional; wo die Gemeindemitglieder selbst die Verantwortung dafür übernehmen, dass in ihrer Lebenswelt Gottesdienste stattfinden, die sie gestalten, und wo sich mit der Zeit vielleicht Leute hervortun, die für so etwas ein besonderes Talent haben und die bereit sind, sich entsprechend fortzubilden und von dieser Gruppe, Gemeinde, tatsächlich ideell und materiell getragen werden. Warum kann man so nicht einfach noch mal beginnen und sich auf diesem Wege erneuern? Plakativ gesagt: Mehr Basis, weniger Kirche.

Wandlung

Ich bin mir übrigens sicher, dass Ökumene, besonders die zwischen Katholiken und Protestanten, so wie sie an der Basis schon lange gepflegt und gelebt wird, dann überhaupt kein Problem mehr darstellen würde. Theologisch wäre das schon längst möglich, *wenn man nur wollte*. Oder glauben Sie wirklich, dass es jahrzehntelanger Arbeit in Sitzungsgremien bedarf, um ein gemeinsames theologisches Verständnis zu erarbeiten, das beiden Fraktionen genug Raum lässt? Genau dies, so scheint mir, ist jedoch der springende Punkt: In den verantwortlichen Gremien *will* man eigentlich gar keine tatsächliche Ökumene, allen gegenteiligen Bekundungen zum Trotz. Denn das würde den Verlust vieler Ämter bedeuten und letztlich den gesamten Apparat, der an beiden (!) Seiten gewachsen ist, zumindest teilweise überflüssig machen oder zumindest existenziell in Frage stellen. Man müsste sich eingestehen, dass die faktisch seit Langem gelebte Einheit zwischen Christen theologisch eben *kein* Problem darstellt, dass man über lange Zeit starr an Dingen festgehalten hat, um den eigenen Apparat, die eigene Macht zu schützen. Die Katholiken müssten – um nur ein Beispiel zu nennen – ihren im 12. Jahrhundert eingeführten Pflichtzölibat für die Priesterweihe zurücknehmen und gar Frauen in solchen Positionen zulassen, ja, vielleicht gäbe es auch nicht mehr so viele Kirchenämter, die Siegel führen und Papiere ausstellen, so viele Pfarrer, die starr an ihrer beamteten Pfarrstelle festhalten, ihren Besitzstand wahren und dafür lieber dem Nachwuchs keine Arbeitsverträge mehr geben. Und es käme vielleicht tatsächlich auf gelebte Überzeugung und lebendigen Glauben an: Welch ein Katastrophenszenario! Das könnte man »den Leuten« doch gar nicht von heute auf morgen beibringen, die wüssten gar nicht mehr, wo's lang geht, was wichtig und richtig ist. – Nun Sarkasmus beiseite, sie wüssten es sehr wohl, und der Schock, den die Änderungen hervorrufen würden, würde sich sehr in Grenzen halten.

Eine arme Kirche hätte vielleicht ein bisschen mehr Raum für das, was wichtig ist, für gelebte Zuneigung, für das Teilen existenzieller Erfahrungen, für die Verkündigung, das Bezeugen und Weiterreichen einer langen Tradition, für die Auslegung der Schrift, die Verinnerlichung ihres Geistes und das Entdecken der Wirksamkeit eben dieses Geistes in unserer Zeit. Sie könnte Gott auf die Spur kommen, aber bislang sorgt sie nur dafür, dass Gott spurt und dass die Gläubigen bloß nicht aus der Spur geraten. Ich glaube, dass der liebe Gott an dieser Kirche schon lange seinen Spaß verloren hat. Ergo, was wollen wir noch damit? Das heißt nicht, ich betone es noch einmal, dass an der gegenwärtigen Kirche alles falsch und schlecht ist. Man müsste nur das System, in dem sie verhaftet ist, auf den Prüfstand stellen, nichts mehr als selbstverständlich und gegeben hinnehmen. Es geht nicht um Restauration, auch nicht um Neubau, sondern um Wandlung, Erneuerung. Es ist höchste Zeit dafür. Wenn man einen Betrieb erneuern will, holt man sich Beobachter und Berater von außen, stellt die gewachsene Betriebsstruktur auf allen Ebenen in Frage, schafft neue Positionen, definiert auch die alten neu, lässt andere Denkweisen zu, erkennt neue Tätigkeitsbereiche, schreibt diese aus und lässt die Mitarbeiter sich auf alle Stellen neu bewerben. Warum sollte dies in der Kirche nicht möglich sein? Und zwar im Sinne der »Sozialverträglichkeit«, denn genau die ist verloren gegangen: Diese reiche Amtskirche ist schon lange nicht mehr sozialverträglich.

Wenn wir täten, was wir wissen

Inzwischen gibt es immer mehr Menschen, die von all dem schon gar nichts mehr wissen, an denen die Kirche und ihre Botschaft völlig vorbeigehen, weil die Kirche sie nicht bewegt, weil die Kirche das Geheimnis, das doch ihr Kern und ihr Existenzgrund ist, immer weniger Menschen vermittelt, sie nicht empfänglich dafür macht, ihnen nicht auf die Spur hilft, weil dieses Geheimnis in ihr nicht mehr lebendig ist, weil Menschen sich nach

Glauben sehnen, aber nicht nach einer geheimnislosen Kirche. Deren Antwort aber lautet im Grunde bis dato so: »Wer nicht in die Kirche will (und zahlt), der soll auch keinen Glauben haben, dem verraten wir einfach nichts. Doch wenn wir täten, was wir eigentlich wissen, gäbe es uns so gar nicht mehr.« Letztlich hat diese Kirche einfach Angst vor dem richtigen Leben.

Wir brauchen Menschen, die Ahnung von Liebe haben, von Zärtlichkeit, und zwar in allen Bereichen, von einfacher Annäherung über sexuelle Begegnung bis hin zur hochsensiblen Hingabe im leiblichen und seelischen Gebet. Wer davon nichts weiß, der soll die Finger von der Seelsorge lassen.

Wir brauchen basale Riten und Rituale, die ansprechen und die zudem erklärt werden, um sie weiterzuführen, zu teilen und reifen zu lassen. Die Gott zum Ausdruck bringen, die aber nicht als losgelöst-erhabene Liturgie den Kontakt zum Boden verlieren. Ähnliches gilt für die Verkündigung, die Auslegung der Schrift. Sie darf nicht nur rückwärtsgewandt erklären oder schriftinterne Probleme aufwerfen und lösen, sondern muss wieder Bodenhaftung bekommen. Denn so, wie die Verkündigung derzeit oft ist, spricht sie nicht an, weder im wörtlichen noch im übertragenen Sinne, und zwar nichts und niemanden. Das liegt ganz einfach daran, dass bei einer solchen Verkündigung das hörende Gegenüber im Grunde gar nicht mehr existiert. Kaum ein Geistlicher fühlt und lebt sich in das ein, was die Menschen bewegt, die da zusammengekommen sind oder die heiraten wollen oder die um ihren Angehörigen trauern oder die einfach nur nach Sinn suchen. Wenn es Kirche gibt, dann soll sie auf die Menschen zugehen und Gott erspüren, seine Spur im Leben deuten und für eine gewisse Zeit alle missbrauchten Worte und Begriffe meiden. Es geht darum, Gott und Liebe zu entdecken und dadurch Kirche neu zu bilden – vielleicht (hoffentlich) ein bisschen anders als vorher gedacht. Ähnliches gilt für die eigentlich so inhaltsreiche und kostbare katholische Liturgie – wobei nicht die Liturgie an sich kostbar ist, sondern das Geheimnis, das sich in ihr offenbaren kann, das spürbar werden kann. Anstatt dieses Geheimnis zu feiern, wird ein Eigenleben gefördert, bei dem es wichtiger ist, dass der Priester auf eine bestimmte Art und Weise im richtigen Moment die Hostie hebt und dabei eine traditionelle Formel spricht, als dass die Menschen, die diese Liturgie feiern, sie auch wirklich verstehen und nachvollziehen können, dass sie ihnen nahegeht, etwas in ihnen verändert, in ihrem Leben »zu Wege bringt« – ein treffender Ausdruck, denn der Gottesdienst soll ja eigentlich diese Menschen auf ihrem Weg stärken und ihnen Wege aufzeigen. Stattdessen nur losgelöste Distanz, ein Apparat, der sich um sich selbst dreht, nur noch vermeintlichen Insidern vertraut. Natürlich sollte man deswegen die »Höhere Schule« der Liturgie nicht aufgeben, doch es ist absolut vorrangig, den Anschluss aller wieder herzustellen, das bereits erwähnte »Kleine Einmaleins« durchzugehen. Eine Liturgie, die den Kontakt zum Boden, zur Basis verloren hat, hat sich selbst erübrigt. Sie muss wieder ganz unten anfangen, sich erneuern, sich neu inspirieren lassen und auch in »höheren Sphären« unmittelbar verständlich und spürbar bleiben. Es gibt immer mal wieder Beispiele, auch gegenwärtige, wo dies gelingt: Brot, das wirklich Hunger stillt.

Also fangen wir einfach noch einmal ganz unten an, bei der Unmittelbarkeit, bei der konkreten Erfahrung, bei der Sehnsucht, bei dem, was ich selbst glaube. Was glaube ich denn? Und woran kann ich glauben?

Woran ich glauben kann

Ich glaube, dass das einzig wirklich sinnvolle im Leben Liebe ist. Und zwar konkrete Liebe, nicht abgehobene oder vergeistigte. Liebe hat viele Formen, viele Namen: Liebe zwischen Mann und Frau, zwischen Mann und Mann, Frau und Frau; echte Freundschaft, die auch hält, wenn's einem dreckig geht; Nächstenliebe, die nicht immer nur darauf achtet, dass das, was in Liebe getan wird, auch einen Sinn hat; Mutterliebe und Vaterliebe, Kinderliebe und viele andere mehr.

Diese Liebe, egal in welcher Form, ist nicht nur lieb und niedlich, sondern stark und gerecht; sie kann Wahrheit vertragen, auch ausgesprochene Wahrheit oder subjektive, ein ernstes Wort oder ein dahingeschleudertes. Sie sucht nicht sich selbst, hat an sich selbst nicht genug, sondern weitet sich aus.

»Gott« ist nur ein anderes Wort für Liebe, echtes Leben, Wahrheit und der Ursprung dazu, unbenennbar, mehr als Worte sagen können. Bei »Allah« oder »Jahwe« wird es nicht anders sein. Mahatma Gandhi hat einmal gesagt: »Ich glaube an die fundamentale Wahrheit aller großen Religionen. Ich glaube, dass sie alle gottgegeben sind, dass jede von ihnen notwendig war für das Volk, dem sie offenbart wurde. Und ich glaube, wenn jeder von uns die heiligen Schriften der verschiedenen Glaubensbekenntnisse mit den Augen der Anhänger dieser Bekenntnisse lesen könnte, so würden wir feststellen, dass alle diese Schriften ein und dieselbe Wurzel haben und einander unterstützen.« Daran glaube auch ich.

Ich glaube, dass Jesus von Nazaret vor gut zweitausend Jahren in seiner Zeit Liebe gelebt hat, so wie sie gemeint ist. Und ich glaube, dass dieser Jesus durch alle Jahrhunderte der Menschheitsgeschichte hindurch Freunde braucht, die es ihm gleichtun auf die Art und Weise, wie sie es können und wie es ihnen gegeben ist, in ihrer Zeit, in ihren Gegebenheiten. Man darf Jesus nicht alleine lassen, auch nicht, indem man ihn so hochhebt, dass man ihn kaltstellt. Es geht nicht darum, ihn nachzuahmen, sondern im selben Geist zu leben wie er, in einer völlig anderen Zeit, in einer völlig anderen Welt, die er niemals vorausahnen konnte, und auch in einem Alter, das er in seinem Leben leider nie erreicht hat, das Fragen und Probleme aufwirft, die er so niemals hatte. Es müssen also andere in seinem Sinne weiterleben und -handeln: Wir.

Ich glaube, dass jeder Mensch im Leben einen Auftrag hat. Dass kein Mensch umsonst lebt und ohne Sinn.

Ich glaube, dass »Zufall« nur eine der möglichen Interpretationen des Geschehens ist. Sie erscheint mir die unwahrscheinlichste: Ich glaube nicht an Zufall. Ich glaube aber auch nicht an eine von außen in das Weltgeschehen eingreifende »Fügung«. Die Welt »geschieht« einfach, so wie sie von Natur aus geschieht und wie wir Menschen sie beeinflussen. Das Leben, das Leiden geschieht, wobei Leiden oft indirekt verursacht ist, so wie zum Beispiel Krebs durch Umweltzerstörung. Ich glaube nicht, dass Gott oder sonst wer in unserem Leben die Finger im Spiel hat. Eher denke ich, dass Gott *in* den Situationen, die geschehen, Chancen eröffnet, treu bleibt, tröstet – das Wort »Trost« ist verwandt mit dem englischen »trust«: Treue, Dabeibleiben, Vertrauen.

Ich glaube, dass es völlig egal ist, welchen Weg man wählt, um in Liebe zu leben: ob man fromm ist oder nicht, ob man mehr ein Mensch der Tat oder der Reflexion ist oder was auch immer. Das einzig Entscheidende ist, dass das, was geschieht, in Liebe geschieht, und dass das, was man tut, in Liebe getan wird.

Ich glaube, dass Wahrheit frei macht, auch dann, wenn sie schwierig ist; dass eine der wichtigsten Bemühungen das Streben nach Ehrlichkeit und Wahrhaftigkeit ist.

Ich glaube, dass mit dem Tod nicht alles aufhört, dass der Tod nicht das letzte Wort hat, auch wenn ihm das vorletzte nicht zu nehmen ist. Aber ich glaube auch, dass das, was danach kommt, über all unsere Vorstellungen hinausgeht.

Ich glaube, dass ich, wenn ich »in der Liebe« bin, nicht allein bin, sondern zeitlos aufgehoben in einem unüberschaubaren Zusammenhang, gemeinsam mit den Menschen, die auch »in der Liebe« sind.

Ich glaube, dass es in dieser Welt einen guten, einen »Heiligen« Geist gibt, der in ihr wirksam ist und den man erspüren kann. Der gute Geist ist nicht gebunden an eine bestimmte Religion oder Konfession, es gibt ihn überall, und jeder Mensch hat die Fähigkeit, ihn zu erkennen, von anderen »Geistern« zu unterscheiden und sein Leben mit ihm zu leben.

Ich möchte Sie animieren, dieses rudimentäre Glaubensbekenntnis weiterzuschreiben, um Ihre ganz eigenen Glaubenssätze und Überzeugungen zu erweitern. Haben Sie keine Angst, dass sich »jeder so seinen eigenen Glauben zurechtzimmert«, wie es aus bestimmten Kreisen immer wieder warnend heißt: Ich bin davon überzeugt, dass sich genug Übereinstimmungen finden lassen, mit denen man auch gemeinsam vorankommt. Denn das ist doch Kirche, dass man sich davon erzählt, dass man daraus gemeinsam handelt, dass man erkennt, dass man in eine Liebe aufgenommen ist, dass man sozusagen »dem selben Herrn dient«, auch wenn die Lehnsherrschaft schon lange abgeschafft ist. Es wird Zeit, dass wir das endlich realisieren und umsetzen.

Vielleicht können Sie sich bei Gelegenheit auch mit dem einen oder der anderen darüber unterhalten, sich zum Austausch zusammensetzen oder einfach nur beten, bei sich und bei Gott sein ... Gemeinschaft bilden, Kirche von Grund auf erneuern.

kleines wörterbuch
für verlorene schäfchen

Zum Abschluss und zur weiteren Verwendung möchte ich Ihnen ein paar Denkanstöße geben, wie man sich vielleicht dem einen oder anderen Begriff, der im geistlichen Leben eine Rolle spielt, anders nähern kann, näher am konkreten Leben. Meine Vorschläge sind eher subjektiv, theologisch sicherlich nicht ausgefeilt, aber dafür alltagstauglich und dazu anregend, sich selbst einmal Gedanken zu machen. Einfach aus dem konkreten Erleben heraus geht es um Ansätze, Annäherungen, um andere Betrachtungsweisen, nicht um abgerundete Definitionen. Ansätze, mit denen Sie hoffentlich im vollen Sinne etwas anfangen können. Das heißt, dass ich aus meiner Erfahrung heraus etwas aufzuzeigen versuche, das für Sie womöglich ein Anfang ist, den Sie fortschreiben können.

Die Begriffe, die ich hier aufführe, sind im Grunde willkürlich ausgewählt, basierend auf der Annahme, dass sie Ihnen ab und an begegnen. Ich habe sie alphabetisch geordnet, sodass Sie sie jederzeit nachschlagen können. Der eine oder andere Begriff ist bereits im Verlauf der vorausgegangenen Ausführungen erläutert worden. Damit Sie ihn nicht extra suchen müssen, habe ich ihn in diesem Glossar noch einmal aufgegriffen.

ADVENT

Wörtlich Ankunft, gemeint ist die Vorfreude auf und die Erwartung der Geburt Jesu, die dann zu Weihnachten gefeiert wird. Für mich ist der Advent vom Erleben her die schönste Zeit im Jahr: Es ist früh dunkel draußen, man zündet erst eine Kerze an, um das Dunkel zu vertreiben, und dann von Woche zu Woche mehr Kerzen. Sie kennen das: »Erst eins, dann zwei, dann drei, dann vier ...« Aber diesem heimeligen Ritual in der Jahreszeit der längsten Nächte entspricht auch eine innere Wirklichkeit: dass es noch etwas zu erwarten gibt. Dass wir die Hoffnung nicht aufgegeben haben: Es kann noch etwas kommen, etwas Neues geboren werden, vielleicht nur ganz klein und schutzbedürftig, aber in uns lebt die Sicherheit, dass es etwas Neues geben wird. Der liebe Gott hat uns nicht vergessen: »Nun komm doch endlich, mach hinne!«

ALLMACHT

Gott ist »allmächtig«. Oh ja, aber nicht im Sinne eines großen Zauberers, der mit einer Beschwörungsformel mal eben die Naturgesetze auf den Kopf stellt. Wenn Gott Liebe ist, dann ist er genauso mächtig und machtlos, wie die Liebe es ist, von der man zu Recht sagt, dass sie alles vermag und in diesem Sinne allmächtig ist, die aber auch nicht mal eben Leid und Tod abschaffen oder Naturkatastrophen verhindern kann. Solch eine Allmacht gibt es nicht, das wäre Magie, nicht Liebe. Wohl aber können in Liebe manchmal scheinbar unmögliche Dinge geschehen, regelrechte Wunder, die niemand für möglich gehalten hätte.

Es gibt für mich noch einen anderen Aspekt an dieser Allmacht. Nämlich den, dass man nicht nur Gott diese Eigenschaft zuschreibt und selbst sozusagen als Empfänger oder Opfer dieser Allmacht dasteht, sondern umgekehrt, dass man sozusagen aktiv der Liebe alle Macht gibt, dass man dafür Sorge trägt, dass ein guter Geist herrscht:»Alle Macht der Liebe!« Das mag ein bisschen marktschreierisch klingen, aber wenn man tatsächlich einmal versucht, im kleineren wie im größeren Umkreis so zu handeln, so zu leben, dass nicht Angst und Unterdrückung herrschen, sondern dass das oberste Prinzip Liebe ist, dann wird dies die Welt auf den Kopf stellen, im Kleinen wie im Großen.

AUFERSTEHUNG / LEBEN NACH DEM TOD

Es ist noch keiner zurückgekommen und hat uns einen Film mitgebracht, der zeigen würde, wie es denn »da drüben« aussieht. Inzwischen hat man in der Sterbeforschung einige relevante Erkenntnisse gewonnen, aber bei dem Wort *Auferstehung* geht es um etwas Anderes, und zwar um eine Erfahrung.

Weil wir manchmal spüren können, dass der Tod nicht das Letzte ist, weil er nicht das letzte Wort haben soll, auch wenn ihm das vorletzte nicht zu nehmen ist, wachsen die Erfahrung und die Überzeugung, dass es ein – wie auch immer geartetes – Leben nach dem Tod gibt. Die Freunde und Schüler Jesu haben das damals erfahren, sie waren sich sicher, dass Jesus lebt, dass er in tausenderlei Gestalten unter uns ist, spürbar, manchmal hautnah. Dass er unter uns fortlebt, dass man ihn zwar hingerichtet hat, aber dass das, was er war, damit nicht zu Ende ist. Auferstehung ist übrigens nicht exklusiv, die gilt potenziell für uns alle, daran können wir »teilhaben«, wie es im Kirchendeutsch heißt.

Dass mit dem Tod nicht alles einfach zu Ende ist, ist die Erfahrung unzähliger Menschen, übrigens längst nicht nur im Christentum. Früher hat man auch von der »leiblichen Auferstehung« oder der »Auferstehung des Leibes« gesprochen. Klar ist: Wir *sind* dieser Leib, wir *haben* ihn nicht nur. Leibliche Auferstehung ist ein Bild für die Identifizierung der Person, dafür, dass wir ganz persönlich gemeint sind. Das hat aber nichts mit dem Gerippe zu tun, das beim Jüngsten Gericht aus dem Grabe steigt. Das Bild der leiblichen Auferstehung ist entstanden zu einer Zeit, in der es noch keine Psychologie im heutigen Sinne gab. Man hat damals nach einem Bild gesucht, das zum Ausdruck bringt, dass wir nach dem Tod unsere Identität bewahren. Eigentlich ist es ein klares und schönes Bild, so ganz ohne Zähneklappern und Geisterstunde.

BEICHTE

Wenn wir im alltäglichen Sprachgebrauch etwas »beichten«, dann heißt das, wir »bekennen« etwas, das nicht optimal gelaufen ist. Dieses Bekenntnis einer Schuld steht als Pars pro toto für das Sakrament der Vergebung, das in der katholischen Kirche sehr schnell assoziiert wird mit dem Beichtstuhl, mit kindlichem Erleben, wo junge Menschen mit Druck dazu gebracht wurden, anhand der Zehn Gebote ihre Verfehlungen, meist konzentriert auf den »Paragraph 6: Unkeuschheit«, zu bekennen. Eine gruselige Fehlentwicklung,

sowohl für den, der so »beichtet«, als auch für den –
ich weiß, wovon ich spreche –, der als Priester diese
Beichte »hören« muss.

Wie viel Kraft aber darin steckt, wenn man etwas, das
einen bedrückt, das einen sich schuldig fühlen lässt,
einem Menschen einfach mitteilen, laut sagen kann,
wenn man sich also zu etwas bekennen kann, das geht
dabei völlig verloren. Dabei ist dies ganz wichtig als ein
erster Schritt, Verantwortung auf sich zu nehmen für
das, was man getan hat, dafür geradezustehen, es ins
eigene Leben zu integrieren, womöglich Wiedergutma-
chung zu leisten und auf jeden Fall daraus zu lernen.
Dass dies zur Not auch anonym geschehen kann, unter
Wahrung des »Beichtgeheimnisses«, ohne dass irgend-
wer mithört, ist ein ganz besonderes Gut. Aber weiterführend scheint mir ein offenes (Beicht-)Gespräch mit
einem Menschen, einer Seelsorgerin oder einem Seelsorger, die/der einen dann auch tatsächlich weiterführen
kann.

BETEN

Manchem mag es helfen, bestimmte Texte oder Formeln aufzusagen. Vor allem, wenn man zu mehreren
ist, bedarf ein Gebet bestimmter, aus tiefer Erfahrung
gewachsener Formen und Worte. Aber worum es geht,
ist, dass Beten eine Form der Kommunikation ist.
Beten ist Dialog mit Gott, ist reden und zuhören, sich
unterhalten mit Gott. Dazu bedarf es nicht unbedingt
eines geweihten Ortes wie einer Kirche. Beten, mit
Gott »sprechen«, kann ich überall, und oft ist einem
dabei die Parkbank näher als die Kirchenbank.

Aber wie kann ich konkret mit Gott *reden,* und sagt der auch etwas zurück? Gott antwortet nicht wie eine Stimme am Telefon. Trotzdem kann ich zuhören, kann ich »der Stille lauschen«, was in der Praxis oft heißt, dass ich in mich hineinhöre, Dinge in Stille abwäge, prüfe, innerlich zuhörend denke, auf Resonanz stoße ohne klare Weisung. Wenn ich das, was mir im Leben begegnet, was mich kümmert, vor Gott bringe, in Liebe abwäge, »ins Gebet nehme«, Gott vorlege, erfahre ich oft Antwort im täglichen Leben. Nicht dass dort dann mysteriöse Dinge passieren, aber innerhalb meines eigenen, andauernden Dialogs mit Gott kann ich in bestimmten Sachen oder Geschehnissen für mich ein Zeichen sehen, mich so oder so zu entscheiden. Das nimmt mir die Verantwortung nicht ab und gibt mir auch nicht die Sicherheit einer »gottgewollten« Entscheidung oder gar einer Unfehlbarkeit, aber es bringt mich einen Schritt weiter in meinem Leben mit Gott. Beten ist eher wie ein Gespräch zwischen Liebenden, zwischen (Ehe-)Partnern, manchmal wie Liebesgeflüster, manchmal auch klar und entschieden.

Natürlich kann ich Gott auch um etwas bitten. Aber nicht in dem Sinne, dass völlig ohne weiteren Kontext dieses oder jenes bitte eintreten möge oder nicht. Beten ist kein »Wünsch-dir-was« in Notsituationen. Aber in einem bestehenden Dialog, durch den man mit Gott in Beziehung steht, hat es meines Erachtens durchaus Sinn, für etwas oder jemanden zu »bitten«. Wohlgemerkt ist Gott nicht der Willkürherrscher, der dieses oder jenes beschließt und den es gütig zu stimmen gilt, aber ich selbst kann in liebevoller Andacht und Aufmerksamkeit bei einem Menschen, einem Ereignis sein.

Kürzlich erzählte mir eine junge Frau, sie habe das »Universum« gebeten, dass dort, wohin sie mit ihrem Wagen fuhr, doch bitte ein Parkplatz frei sei, und das habe geklappt. Komisch, das ist mir bei aller Anstrengung in Köln noch nie geglückt.

DEMUT

Ein ganz altes Wort, das ich sehr mag. Es bezeichnet eine innere Haltung, die nichts zu tun hat mit Erniedrigung oder Unterdrückung – das ist eine falsch verstandene Demut. Richtige Demut meint den Stolz, den inneren Adel eines freiwillig Dienenden. Einen, der erkannt hat, dass er sein darf, so wie er ist, weil er sich geliebt und angenommen weiß von etwas oder jemandem, der größer ist als man selbst. Es ist die klare, im positiven Sinne kindliche Freude, die daraus spricht, dass man sich in einen größeren Zusammenhang eingebettet weiß, dass man ein sinnvoller Bestandteil von etwas ist, das Liebe ist. Dem dient man, will sagen, man ist nicht selbst derjenige, der das Sagen hat, aber kann sich frei und zuversichtlich bewegen. Man hat den Mut, sich auch mal kleinzumachen, anderen wirklich zu dienen. »Mut zu dienen« – das mag etymologisch so nicht ganz korrekt sein, es ist aber eine ziemlich genaue inhaltliche Definition von Demut.

EHRFURCHT

Auch so ein altes Wort. Man spricht heute lieber von »Respekt«, den man vor jemandem hat, wo dann auch die »Furcht« nicht mehr so durchklingt, mit der man vermutlich nur wenig anfangen kann. Aber das ist nur ein Teil dessen, was Ehrfurcht meint. Luther hat dieses Wort einmal übersetzt mit »fürthen unde minnen«, fürchten und lieb haben. Wenn man nämlich vor etwas wirklich Großem steht, wenn man etwas »Ewiges« erfahren darf, dann spürt man dessen Anziehungskraft genauso wie dessen unermessliche Größe oder Tiefe, die einen einfach übersteigt. Die »Furcht«, die man empfindet, wenn man in Berührung mit dem Göttlichen kommt, ist keine Angst, sondern sie hat eher etwas von dem Zittern und Beben, mit dem man vor einer unermesslichen Liebe steht, in die man sich aufgenommen weiß.

Ähnliches gilt für das Geheimnis des Lebens. Das, was Leben ausmacht, kann man mit keiner DNA oder chemischen oder physikalischen Formel erklären oder gar herstellen. Damit kann man in Berührung kommen, wenn ein Mensch stirbt oder, am anderen Ende, wenn ein Mensch geboren wird. Das bleibt einfach ein Wunder, vor dem man Ehrfurcht empfindet.

ENGEL

Es gibt in der christlichen Tradition das schöne Bild von einem Schutzengel – ein Bild, wohlgemerkt, aber ein Bild für eine durchaus reale Erfahrung: dass es Menschen gibt, jenseits der Grenze, die man doch irgendwie um sich hat. Nicht unbedingt mit langen blonden Locken und großen Flügeln – das sind nur Sinnbilder für das Schöne und Göttliche ihrer schützenden Anwesenheit. Sie sind immer da, abwesend anwesend, auch dann, wenn man es selbst gar nicht merkt, nicht immer jedenfalls. Nicht abgehoben oder spiritistisch, sondern einfach so – aus Liebe. Das sind nicht unbedingt nur »heilige« Menschen, die in ihrem Leben ganz besondere Dinge vollbracht haben, sondern auch ganz normale Menschen, mit denen uns auf eine je spezifische Art etwas verbindet. Man könnte auch etwas provozierend sagen: Engel sind ganz normale Leute, gewöhnliche Menschen, in denen Gottes Licht durchscheint.

Manchmal erreicht einen auch etwas wie eine Botschaft, wenn ein anderer etwas sagt oder tut, von dem man für sich spürt, dass es Bedeutung hat. Oft weiß die / der Betreffende gar nicht, dass er in dem Moment zum Engel wurde.

ERLÖSUNG

Früher hat man gesagt: Jesus hat uns (durch seinen Tod) von den Sünden erlöst. Dem liegt eine Art Sühnedenken zugrunde, dass die Menschen gesündigt haben und Jesu ungerechtfertigter Kreuzestod die Sühne dafür war. Das ist nicht mehr und nicht weniger als eine bestimmte theologische Interpretation, die heute eher gruselig klingt. Wo spricht man denn noch von einer Erlösung? Ich höre das Wort oft, wenn jemand nach langer Krankheit verstorben ist: »Es war doch eine Erlösung für ihn (oder sie).« Man mag sich dann fragen, was alles passieren muss, bis absolut wirklich nur noch der Tod einen Menschen erlösen kann. Da muss es schon absolut finster sein. Genau das ist wohl auch gemeint mit diesem Wort: Wenn wirklich nichts mehr geht und man aus dieser Situation dennoch befreit wird, bedeutet dies eine Erlösung. Das gilt auch, wenn man sich der Verknotungen des eigenen Lebens bewusst wird, sich hoffnungslos verfranst

hat und keinen Ausweg mehr sieht und plötzlich erfährt: Es gibt eine Gerechtigkeit, die größer ist, eine
Liebe, in der ich trotz allem akzeptiert und gewollt bin,
die stärker ist als meine momentane Verzweiflung.
Das ist eine Erlösung. »Jesus hat uns er-löst« heißt
also so viel wie: Wir dürfen freie, »ge-löste« Menschen
sein, wir sind niemandes Sklaven. Niemand hat das
Recht, uns zu knechten, weder wegen Hautfarbe, Ge-
schlecht, sexueller Orientierung noch wegen unserer
Meinung oder was auch immer. In diesem Sinne möge
die Kirche, die diese Erlösung verkündigt, sie doch bitte selbst auch tunlichst umsetzen.

EWIGKEIT

Landläufig meint man mit Ewigkeit eine niemals en-
dende Zeit. Ob es das gibt? Ich weiß es nicht, denn
wenn der Begriff und das Empfinden für Zeit aufgehoben sind, dann spielt auch die Ewigkeit in diesem
Sinne keine Rolle mehr.

Ewigkeit ist vielleicht eher ein qualitativer als ein
quantitativer Begriff. Fragen Sie Liebende mal nach
»ewigen Momenten«, es wird regelrecht aus ihnen he-
rausprudeln. Das gibt es, dass man in manchen Momenten etwas erfährt, was viel größer ist, was einfach
»für immer« wahr ist, was über Raum und Zeit steht.
Um das zu erfahren, muss man nicht verliebt sein.
Fast jeder Mensch kennt so etwas wie »ewige« Erfahrungen, ganz wesentliche Momente, die aus dem Leben
nicht mehr wegzudenken sind, in denen man etwas von
einer anderen Ordnung gespürt hat, das mit hiesigen
Dimensionen einfach nicht zu fassen ist.

EXODUS

Bedeutet »Auszug«. Gemeint ist der im Ersten (»Alten«) Testament erzählte Auszug des Gottesvolkes aus der Sklaverei unter Leitung von Mose. Ein überaus sinnbildhafter Prozess, den viele Menschen auch in ihrem eigenen Leben mitmachen und erfahren: dass man etwas hinter sich lässt, abstreift, dem man untergeben war, unter dem man gelitten hat. Man hat sich auf den Weg gemacht, befreit, ohne genau zu wissen, wohin der Weg führen wird. Man hat dabei seine ganze Existenz aufs Spiel gesetzt, auf Gedeih und Verderb. Unterwegs sind viele unerwartete Dinge passiert, man hat schwierige Zeiten erlebt, in denen um einen herum alles leblos und einsam war (»Wüste«), wo es keine neue Nahrung gab, wo man tausendmal hätte verzweifeln können, aber irgendwie ist man durch alles Ungemach hindurchgekommen, und das nicht nur aus eigener Kraft. Man fühlt sich irgendwie geleitet, geführt. Biblisch gesprochen: Gott hat uns aus der Sklaverei durch die Wüste hin zum »gelobten Land« geführt.

Solch ein Exodus kann natürlich auch mehrere betreffen, gleichsam als eine kollektive Erfahrung über endlos viele Generationen hinweg. In diesem Buch wird diese Exoduserfahrung aktualisiert für die derzeitige Situation der Kirche, die einen solchen Exodus erfordert. Ein Exodus ist kein einmaliges Geschehen, den kann es im Leben immer wieder geben, immer dann, wenn etwas wirklich Neues geschehen muss und etwas Altes, das ausgedient hat und das einen nicht weiterbringt, zurückgelassen werden soll, damit es endlich keine Macht mehr über einen hat. Die Erfahrung des Exodus zeigt, dass das Leben durch ihn keineswegs einfacher wird, aber ungeheuer lebenswert.

FEGEFEUER

Sind Sie auch schon mal durchs Feuer gegangen? Für sich selbst oder für jemand anderen? So in etwa stelle ich mir das mit dem Fegefeuer vor. Was ursprünglich wohl mal gedacht war als eine Art Vorportal zum Himmel, wo wir armen Sünderlein für unsere Verfehlungen noch büßen sollten, um dann irgendwann befreit zu werden und in den Himmel zu gelangen, das hat im ganz normalen Leben einen tiefen Sinn. Dem entspricht die Erfahrung einer Lebenskrise, wenn im Leben etwas passiert, das alles Bisherige förmlich auf den Kopf stellt, alle scheinbaren Sicherheiten als wirkungslos enttarnt, das einen für einen Moment (und der kann lange dauern) ganz auf sich selbst stellt, einen nicht mehr ausweichen und sich und anderen etwas vormachen lässt. Der Anlass dafür kann ganz unterschiedlich sein: eine Scheidung, eine private oder berufliche Umorientierung, eine schwere Erkrankung, die Trauer um einen geliebten Menschen oder einfach der Übergang in eine neue Lebensphase. Entscheidend ist, dass solch eine Krise einen am Ende weiterbringt, dass sie einen »reinigt« und das aus dem Leben herausschneidet, was sich als nicht so wichtig, als nicht tauglich, als nicht weiterführend erwiesen hat. Solch eine »Reinigung« ist Teil einer jeden echten Lebenskrise, wenn sie denn wirklich durchlebt wird und man nicht in ihr stecken bleibt. Dann erlebt man tatsächlich ein reinigendes (»Fege-«)Feuer, das alles andere als angenehm ist. Aber das Resultat ist diesen »Gang durchs Feuer« wert.

GEHORSAM

Im Niederländischen gibt es das treffende Wort »luisteren«, dem englischen »to listen« verwandt. Genau übersetzen kann man es nicht, denn es beinhaltet verschiedene Aspekte des Zuhörens, zum einen das zielgerichtete Zuhören, zum anderen das völlig offene Lauschen und das erwartungsvolle Horchen. Horchen, lauschen, zuhören – das hat etwas mit echtem Gehorsam zu tun. Gehorsam ist biblisch betrachtet nicht das blinde Ausführen eines Befehls, sondern ein kreativer Prozess, in dem es darum geht, herauszufinden, was Gott will, wo sein Geist spricht, wo der gute Geist wirksam ist. Dem nachzuspüren, dies zu erkennen, dem zu folgen, das ist Gehorsam. Es mag sein, dass es Menschen gibt, die darin besonders geübt sind, die für so etwas eine besondere Begabung haben, die wirklich gut zuhören können, die auch das hören, was nicht gesagt wird. Aber dies darf nicht zu einer einfachen Unterordnung führen, bei der einer das Sagen hat und die anderen lediglich ausführen, was ihnen gesagt wird. »Führer sprich, wir folgen dir«, das ist die Perversion des Gehorsams. Wer wirklich gehorcht, gibt die Verantwortung für sein Tun nicht an der Türe ab.

Gehorsam fängt damit an, dass man auf sich selbst, auf die Stimme im Innern zu hören beginnt; dass man nach und nach die verschiedenen Stimmen, die da in einem sind, zu unterscheiden lernt. Das Gleiche gilt nach außen hin, sodass man mit der Zeit immer mehr Gespür dafür entwickelt, was eher gutem und was eher weniger gutem Geist entspringt. »An ihren Früchten werdet ihr sie erkennen«, heißt es in der Bibel.

GNADE

Gnade ist ein unverdientes Geschenk, etwas, das man bekommt oder bekommen hat, wofür man selbst nichts getan hat. Die Bitte, dass Gott uns »gnädig« sein möge, entspricht dem altertümlichen Gottesbild eines Herrschers. Im Kern ist dieses Bild auch gar nicht so falsch, wenn man es übersetzt mit »Der Liebe sei alle Macht« oder »Bei uns soll Liebe herrschen und die oberste Norm sein«. Aber es geht dabei nicht darum, dass wir Sterblichen alle irgendwie schlecht sind. Dann hätte sich der große Herr und Schöpfer vielleicht doch besser gleich Engelchen geschaffen. Das Bitten um Gnade ist eher so etwas wie sich in Demut bewusst zu machen, dass wir nicht selbst »den lieben Gott spielen« können, dass wir nicht Herrscher über Leben und Tod sind, nicht Schöpfer, sondern Geschöpfe. Das hat mit sklavenhafter Erniedrigung nichts zu tun, eher etwas mit einer ehrfürchtigen Haltung vor dem Leben. Nicht um Macht und Beherrschen geht es, sondern um Liebe, in der »Gnade vor Recht« ergeht.

Manche haben auch eine besondere Gabe, eine »Gnadengabe«, für die sie selbst nichts getan haben, sie sind »begnadet«, und es ist dann die Frage, was sie aus dieser Gabe, mit diesem Talent machen, denn jede Gabe beinhaltet eine Aufgabe.

GOTTES WILLE

Was will Gott? Ich glaube, das kann keiner mit Sicherheit sagen. Ist es wirklich Gottes Wille, dass Menschen leiden, an Krebs oder multipler Sklerose erkranken, dass Kinder sterben, dass Hungerkatastrophen und Wirbelstürme Tausende um ihr Leben und die Überlebenden in Not bringen? Das kann ich mir bei bestem Willen nicht vorstellen. Das wäre reine Willkür. Um es noch einmal ganz klar zu sagen: Wenn so etwas Gottes Wille wäre, würde ich mit diesem Gott nichts zu tun haben wollen. Dieser Gott ist nicht mein Gott.

Aber wenn ich Gottes Wille vereinfacht übersetze mit »Was will die Liebe?«, dann geht es um etwas ganz anderes. Dann ist Gottes Wille das, was in Liebe geschehen kann oder könnte; dann ist der richtige Weg der, den ich mit allen Sinnen erspüre als denjenigen, den der »gute Geist« mir eingibt. Wo wirklich Liebe geschieht, ist Gott, dort geschieht »sein Wille«.

Oft weiß ich im Alltag nicht, was richtig ist, aber man kann mit der Zeit ein bisschen Gespür dafür entwickeln, was zu etwas Gutem führt und was nicht, was einen guten Geist atmet und was nicht, wodurch Menschen frei werden und weiterkommen oder wo sie mit Angst und Macht regiert werden.

Man muss lernen, die »Geister«, die Atmosphäre, in der etwas geschieht, zu unterscheiden und zu beurteilen. Manchmal muss man auch abwarten, vielleicht erst einmal ein paar kleine Schritte in eine Richtung ausprobieren und an den Resultaten, den Früchten, sehen, ob die Richtung stimmt.

HEILIG

Wenn mir etwas heilig ist, dann heißt das, dass es mir ganz besonders wichtig ist, wichtiger als wichtig, es ist sehr bedeutsam, ragt aus dem normalen Kontext heraus. Das kommt der ursprünglichen (historisch oft veränderten) Bedeutung sehr nah. Heilig ist ganz besonders oder, in einer anderen Perspektive: Es gehört zu Gott. In den jungen Christengemeinden waren die Heiligen die (normalen) Gemeindemitglieder, denn sie waren die von Gott Auserwählten, sie hatten ihr Leben in den Dienst Gottes gestellt. Das hat erst einmal mit unbefleckt und tugendhaft gar nichts zu tun. Heilige sind völlig normale Menschen, in denen etwas von Gott sichtbar wird. Die meisten Heiligen leben wenig aufsehenerregend.

Dass die katholische Kirche manche Personen heiligspricht, hat ursprünglich den Sinn, sie als Vorbild für alle Gläubigen hinzustellen. Dass sie das in den letzten Jahrzehnten vermehrt tut, nahezu inflationär, ist wohl darauf zurückzuführen, dass Heiligsprechungen auch eine ganze Menge Geld in die Kassen des Vatikans spülen. Und das ist alles andere als heilig.

HIMMEL UND HÖLLE

Ganz einfach gesagt: Himmel ist der Ort, wo Gott wohnt, wo nichts als Liebe ist. Hölle ist da, wo keine Liebe ist. Man hat den Himmel immer »oben« lokalisiert, aber dies ist nur ein Bild für die damals noch unerreichbare Höhe, das Ungreifbare. Die Hölle ist entsprechend »unten«, wo es dunkel ist, wo es heiß ist und die Lava glüht. Sie sehen, diese Vorstellungswelten entstammen nicht so ganz unserer Zeit, halten sich aber hartnäckig wie bei einem Menschen, dem man das als Kind erzählt hat und der diese Vorstellung später trotz anderer Einsicht nicht so recht loslassen kann. Davon muss man sich dann frei machen.

Natürlich kann es auch »himmlische« Musik geben, »göttliche« Natur und so weiter, eben weil darin etwas von dem spürbar wird, was uns übersteigt, von anderem Ursprung ist.

»Hölle« wird nicht erfahrbar durch rote Teufel im Feuerofen, sondern in der Kälte zwischen Menschen, die sich einmal lieb hatten und nun ihre Liebe verloren haben, aber in dieser Situation völlig gefangen sind; sie wird erfahrbar in der materiellen Aussichtslosigkeit, in der viele Menschen leben müssen, nur weil sie nicht im westlichen Erdteil geboren wurden; in der völlig irrationalen Art, in der wir Menschen diesen, unseren Planeten ausbeuten und zugrunde richten. Teufel und Dämonen sind an sich keine Spukgestalten, sondern – wie auf der anderen Seite die Engel – personifizierte Darstellungen von Kräften, die ganz real im Leben existieren, die einen in eine falsche Richtung ziehen, die nicht zum Leben führen, sondern in einen sozusagen wirklich »tödlichen« Tod. Ich glaube, dass jeder Mensch ein wenig »Hölle« in sich hat, genauso wie er »Himmel« in sich trägt. Jeder Mensch kann sich in bestimmten Momenten für diese oder jene Richtung, für Tod oder Leben entscheiden.

JESUS CHRISTUS

Jesus von Nazaret hat vor gut zweitausend Jahren in Palästina gelebt. Aus anderen Quellen als den biblischen Berichten weiß man eigentlich nicht viel mehr, als dass er dort um diese Zeit als ein Wanderprediger gewirkt hat und dass er in recht jungen Jahren von den Römern durch den damals üblichen Kreuzestod hingerichtet wurde.

Christus (griechisch »christos«, also »der Gesalbte«, »der Auserwählte«) meint den »geglaubten« Jesus, den Jesus, wie er im Glauben seiner Jüngerinnen und Jünger ist und wie er nach seinem Tod als »von Gott Gesandter«, als »Gottes Sohn«, als »Auferstandener« gesehen und interpretiert wurde. Es geht also um sein Wirken und darum, wie andere ihn insbesondere nach seinem Tod erfahren haben. Es ist, glaube ich, wichtig, Jesus heute wieder »auf die Erde zurückzuholen«, d.h. seine menschlichen Seiten wieder ins Blickfeld zu rücken, denn eine übertriebene Verherrlichung macht ihn unberührbar – und unwirksam. Man kann sich Jesus als einen völlig normalen und durch und durch inspirierten, von echter Liebe beseelten Menschen vorstellen, keineswegs nur milde und lieblich, manchmal auch ein echter »Feuerfresser« und »Eisenbieger«. Er wusste, wohin er gehörte, und um was es im Leben wirklich geht. Das hat er gelebt und dafür hat er mit seinem Leben bezahlt.

Es gab – und gibt – Menschen, die sich von ihm anstecken lassen, die im selben Geist leben wie er. Alles Weitere, was man sonst noch über ihn sagen kann, erfährt man am besten selbst, indem man sich auf ihn einlässt, sich mit ihm auf den Weg macht, so wie mit einem guten Freund oder einer guten Freundin. Wenn Sie etwas über ihn lesen wollen und darüber, was der Umgang mit ihm so alles zuwege bringt, schauen Sie doch einfach mal in die Bibel, ins »Neue« Testament, Markusevangelium – lesen Sie es ruhig an einem Stück, so viele Seiten sind es nicht.

JÜNGSTES GERICHT

Vorstellung von einem Endgericht am »jüngsten«, d.h. letzten Tag. Dies wird oft verbunden mit einem Weltuntergangsszenarium, wo Gott, der Herr, die Menschen aufteilt in Gute und Böse. Daran glaube ich so nicht. Was ich mir hingegen sehr gut vorstellen kann, ist – was auch von vielen Nahtoderfahrungen berichtet wird –, dass jeder Mensch im Sterben noch einmal sein ganzes Leben betrachtet, gleichsam vorgeführt bekommt (»Lebensfilm«) und dabei spüren kann, was sein Denken und Handeln bei anderen zuwege gebracht hat; dass er in der Perspektive bedingungsloser Liebe sieht, was er aus seinen Möglichkeiten gemacht hat und auch erfährt, was in Liebe hätte sein können. Darin passiert so etwas wie eine höhere Gerechtigkeit, in der es nicht so sehr darum geht, einen Menschen zu verurteilen, wohl aber diesen erfahren zu lassen, wie schade das ist, was nicht in Liebe geschah. Und ehrlich gesagt hoffe ich auch, dass es so etwas wie ein »Urteil« gibt, nicht nach menschlichem Ermessen, sondern eher derart, dass man zu spüren bekommt, was man anderen angetan hat und dass dies auch »im Himmel« Konsequenzen hat. Denn ich wollte im Extremfall nicht unbedingt mit Gewalttätern oder Mördern einfach im selben Raum schweben und singen: »Wir kommen alle, alle in den Himmel.« Aber das ist wohl ein bisschen zu »diesseitig« gedacht.

KIRCHE

Kirche ist die Gemeinschaft derer, die an Jesus Christus glauben, nicht mehr, nicht weniger. Dass Menschen mit der Zeit Gemeinschaften bilden, in denen Strukturen wachsen, wodurch sich Dinge institutionalisieren und Menschen Positionen einnehmen, ist ein völlig normaler, gruppendynamischer Prozess, als solcher auch unvermeidlich und im Grunde durchaus begrüßenswert. Schlecht wird es nur dann, wenn diese Strukturen sich verselbstständigen, wenn sie innerlich hohl werden, wenn sie keine Kraft mehr haben, wenn die Institution mehr wiegt als das bzw. der, dem sie dienen soll. Dann ist die Kirche in diesen Teilen tot, muss absterben und sich erneuern. Da stehen wir jetzt, und das schon seit einiger Zeit.

LEIDEN

Ob Leiden Sinn hat – diese Frage kann man, glaube ich, nicht so einfach beantworten. Leiden an sich halte ich für komplett sinnlos, aber natürlich gibt es Situationen, aus denen man lernt, die einem völlig neue Horizonte eröffnen, wodurch sich dann wiederum etwas verbessert. In diesem Zusammenhang hat das Leiden Sinn, ist nicht ganz umsonst.

Ich kann mir jedoch nicht vorstellen, dass es Gott ist, der Menschen schwere Krankheiten schickt. Und dass man in solchen eine »Strafe Gottes« sieht, halte ich für eine therapiebedürftige Ansicht. Ich glaube, Gott kann auch traurig sein, kann mitleiden, griechisch »sym-pathein«, woher unser Wort »Sympathie« kommt. In diesem Sinne glaube ich an einen »sym-pathischen« Gott, durch den es manchmal gelingt, dem Leiden trotzdem (!) noch so etwas wie einen Sinn abzugewinnen.

LITURGIE

Wenn es um wirklich wesentliche Dinge geht, ist Informationsübertragung allein nicht genug. Es reicht nicht, wenn zwei Menschen ein Schild aufhängen mit dem Text: »Wir lieben uns und wollen lebenslänglich zusammen bleiben.« Um dieses Versprechen verwirklichen zu können, ist es wichtig, Rituale zu suchen, Worte und Ausdrucksformen, die nicht so sehr eine Information weitergeben, sondern den eigentlichen Inhalt spürbar, hörbar, sichtbar machen. Erfahrbar machen, was nicht greifbar ist, etwas begehen, feiern. Genau darum geht es in der Liturgie. Etwas von Gott, von der Liebe selbst spürbar machen, mit Texten, Liedern, Gesten, Riten – darin hat sich eine lange Tradition herausgebildet, eine regelrechte »Kunst«. Wichtig ist, dass der Bezug zur konkret gelebten Wirklichkeit bestehen bleibt und dass das, was in der Liturgie geschieht, für alle Beteiligten verständlich ist. Darum darf auch ruhig während einer Feier der Ritus in seinem Symbolgehalt erklärt werden – natürlich im richtigen Maß, denn eine Feier soll auch keine Unterrichtsstunde werden.

MARIA, DIE JUNGFRAU

»Dat ärm Mädche«, denke ich manchmal auf Kölsch, wenn ich an diese junge jüdische Frau denke, die – sie mag vielleicht fünfzehn Jahre alt gewesen sein – ihren Erstgeborenen auf die Welt brachte. Sie hat übrigens, das ist biblisch belegt, danach noch einige andere Kinder geboren, die Geschwister Jesu, von denen mindestens eines auch zu seinen Jüngern gehörte.

Der Marienkult, dem wir vielfach begegnen, hat sich von diesen natürlichen Begebenheiten völlig losgelöst – bis auf einen Punkt, und zwar die Jungfräulichkeit Mariae, die nach immer noch bestehendem katholischen Dogma tatsächlich Jungfrau geblieben, deren Hymen unversehrt ist. Das ist lächerlich. Und darum geht es auch gar nicht. Wie bei nahezu allen großen Glaubensstiftern (wobei man keinesfalls immer von einer bewussten »Stiftung« sprechen kann) will man das Besondere und Göttliche ihrer Herkunft aufzeigen, will klarmachen, dass sie aus Gott geboren sind und nicht durch menschliches Zutun. Das drückt man aus über Dinge, die menschlich-natürlich gar nicht möglich sind, etwa durch das Bild der jungfräulichen Geburt. Eigentlich ein wunderschönes Bild für die Unberührtheit, die Unverdorbenheit, die Reinheit der Herkunft. Maria als Mutter Jesu wird darin die Frau, die über einen Engel mit Gott in Kontakt kommt, die die Geburt des Christentums in sich trägt. Natürlich ist die Welt nicht darauf vorbereitet, in solch einem kleinen Baby den Beginn eines neuen Zeitalters zu sehen – daher auch die ganze Geschichte mit der Krippe und all dem: Das sind Ausdrucksformen des Besonderen, des Unglaublichen, das da »eigentlich« geschah. Aber dies sind keine historischen Berichte, sondern mündlich tradierte, tief menschliche Weisheiten. Maria, das Bild der Reinheit und zugleich der Urmutter. So weit, so gut. Dass sie in manchen, zumal zölibatären Kreisen aber als ein Sinnbild des Weiblichen herhalten muss, das dermaßen überzogen ist von Glanz und Göttlichkeit, dass man gegen alles Weibliche und jede tatsächliche Berührung immun wird, das steht meines Erachtens auf einem anderen Blatt. Auch fehlt mir persönlich der Zugang zum folkloristisch geprägten Kult, der sich um die Figur Maria gebildet hat. Dass eben diese Maria Heilungswunder bewirkt, einer Figur in einer Grotte Tränen in die Augen steigen lässt, das möge glauben, wer will und wem es hilft.

OSTERN

Feier der Auferstehung Jesu. Man hat diese Erfahrung der Jünger, dass Jesus lebt, dass er in allem ist, was seinen Geist atmet, ein wenig historisierend fixiert und auf einen bestimmten Tag festgelegt. Zwar stimmt es nicht, dass Jesus an einem bestimmten Tag um eine bestimmte Uhrzeit auferstanden ist. Doch will man damit zum Ausdruck bringen, dass es sich um eine ganz reale Erfahrung handelt, und das ist in Ordnung. Dass man die Auferstehung an einem fixen Tag begeht und feiert – die Auswahl dieses Tages hat übrigens eine lange, vorchristliche Tradition –, ist sehr wichtig, damit sich der Inhalt nicht verflüchtigt, sondern lebendig bleibt. Ostern ist das Fest des Christentums schlechthin. Ostern kommt vor Weihnachten, denn die ganze Geschichte der Geburt und deren besonderen Umstände erschließen sich erst aus der Tatsache, will sagen der Erfahrung, dass dieser Jesus auferstanden ist, dass er der Christus, der Gesalbte Gottes ist. Ohne Ostern kein Weihnachten, im Grunde sind beide Feste aus genau derselben Erfahrung heraus geboren. Was Ostern mit Eiern zu tun hat oder gar mit Hasen, das mögen diejenigen erklären, die sich mit »heidnischen« Bräuchen auskennen, mit Christentum hat das aber nichts gemein, genauso wenig wie »Santa Claus« mit Weihnachten – da fragen Sie besser bei Coca Cola nach.

PFINGSTEN

Das muss man sich mal vorstellen: Jesus, ihr großer Bruder, Freund, ihr Meister, ihr Vorbild, der, auf den sie all ihre Karten gesetzt hatten, war hingerichtet worden, völlig unschuldig und ohne Pardon. Dafür hatten diejenigen gesorgt, die so viel Klarheit und Liebe nicht aushalten konnten, die die Wahrheit nicht ertrugen. Dennoch kam die kleine Gruppe von Leuten, die sich um ihn geschart hatte, zusammen, wie üblich in einem größeren Raum, einem Saal. Denn es gingen Gerüchte, dass Jesus zwar tot ist, aber irgendwie wieder lebt. Einige wollten ihn gesehen, andere mit ihm gesprochen haben. Er war ganz anders als vorher, irgendwie ungreifbar, aber zugleich so er selbst, dass kein Zweifel möglich war. Man redet, tauscht sich aus, und nach und nach wird diese Gruppe von Leuten auf eine unglaubliche Art beseelt, wird »von Heiligem Geist erfüllt«. Die Menschen spüren, sie erfahren: Er ist mitten unter uns, wir sind er, wir, seine Freunde und Anhänger, sind vom selben Geist beseelt, er spricht durch uns, er handelt durch uns. Und jeder versteht diese Sprache, weiß, um was es wirklich geht. Es ist Pfingsten, das Fest der Gemeinde schlechthin: Gemeinschaftstag. Pfingsten ist genauso wichtig wie Ostern und Weihnachten – eigentlich gehören die drei untrennbar zusammen.

SAKRAMENTE

Auch Menschen, die wenig bis keine Ahnung davon haben, was denn ein Sakrament ist, haben fast alle von den »Sieben Sakramenten« gehört. Manche können sogar einige nennen, hier sind sie: Taufe, Eucharistie, Vergebung (»Beichte«), Firmung, Ehe, Krankensalbung, Priesterweihe. So zumindest zählt man in der katholischen Kirche, in der evangelischen beschränkt man sich auf die beiden erstgenannten.

Worum aber geht es im Kern? Es geht darum, dass man glaubt, dass das, was hier auf Erden stattfindet und dargestellt, »gespendet« wird, auch im Himmel geschieht. Dass solch eine Handlung also »wirkmächtig« ist, sozusagen Ewigkeitswert besitzt, auch bei Gott gültig ist. Beweisen kann dies natürlich keiner, aber es handelt sich auch nicht einfach um eine Idee, die sich irgendwann mal jemand ausgedacht hat. Es gibt Dinge, die so wichtig, so »heilig« sind, dass man sie als gottgegeben betrachtet. In ihnen besteht gleichsam eine direkte Verbindung zu Gott, sie sind (Ausdrucksformen der) Liebe selbst. Das kann man letztendlich nicht erklären, aber ab und an spüren. Es ist und bleibt ein »offenbares Geheimnis«, so wie Liebe das auch immer ist.

Das alles ist natürlich ziemlich gewagt und für Missbrauch anfällig. Daraus eine Lehre zu entwickeln und sich womöglich darüber zu streiten, ist dann wieder etwas anderes. Der bekannteste Missbrauch ist übrigens der des Sakraments der Vergebung in Form des Ablasses, worin der Papst Menschen gegen Geld die Vergebung der Sünden derjenigen zusagte, die als Sünder verstorben waren und angeblich im Fegefeuer schmorten. »Wenn das Geld im Kasten klingt, die Seele aus dem Feuer springt.« Dieser Ablasshandel war für Luther der Anstoß zur Reformation. Er hätte, glaube ich, heute auch wieder eine Menge Arbeit!

SÜNDE

»Schade drum, hätte auf anderem Wege viel besser gehen können.« Das stelle ich mal bewusst an den Anfang, um das Wort »Sünde« aus seinem moralisch geladenen Kontext zu lösen. Es geht nämlich nicht (nur) um einen Verstoß gegen moralische Vorschriften und Gesetze bzw. die Zehn Gebote, die man in diesem Fall nicht als weise Ratschläge, sondern als eine Art Strafgesetzbuch interpretiert, sondern bei Sünde geht es um Verfehlungen unterschiedlichen Grades, von denen man bei genauem Hinsehen auch sehen und spüren kann, dass sie dem Leben wirklich Abbruch getan haben. Das gilt auch für vertane Chancen – immer gemessen an dem, was in Liebe möglich gewesen wäre, nicht an Perfektion oder hoch gesteckten Idealen. Es ist unverzichtbar, sich zu vergegenwärtigen, dass wir Menschen einen Entscheidungsspielraum haben, in dem wir ganz oder teilweise selbst bestimmen, was geschieht. Dafür müssen wir dann auch geradestehen und können uns nicht einfach in die Rolle des Opfers flüchten oder Verantwortung auf andere abwälzen. Es ist meines Erachtens ein ganz wichtiges Kriterium des erwachsenen Menschseins, sündigen zu können.

TEUFEL UND DÄMONEN

Bei »Teufel« denkt jeder gleich an ein rotes Kerlchen mit einem Pferdefuß und einer Gabel in der Hand: ein Fabelwesen, genauso wie Dämonen und böse Geister in Horrorfilmen, Fantasieprodukte. Zu biblischen Zeiten gab es noch keine Psychologie, wie wir sie heute kennen, und wenn man dann mit einem Menschen zu tun hatte, der – wie auch immer – psychisch krank war und zu leiden hatte, dann war dieser Mensch eben »von Dämonen besessen«, von bösen Geistern gequält. Zugleich beinhaltete dies immer auch eine Ausgrenzung: Mit so einem wollte man nichts zu tun haben. Heute würde man die Angelegenheit weitaus differenzierter betrachten – die Ausgrenzungen sind auch viel subtiler geworden.

Aber genauso wie es Kräfte in einem Menschen gibt, die ihn zum Guten führen, so gibt es auch Kräfte, die ihn verführen, zum Schlechten hinziehen, wobei »gut« und »schlecht« situationsabhängige Begriffe sind. Diese Kräfte sind mal stärker, mal weniger stark. Man kann in sich hineinhorchen und die verschiedenen »Stimmen« in sich hören und erspüren und unterscheiden. Die »Unterscheidung der Geister«, wie der Apostel Paulus dies genannt hat, ist eine ganz wichtige Fähigkeit im Leben, die mir in unserer Zeit ein bisschen unterentwickelt scheint. Jeder Mensch hat nicht nur die Einsicht, sondern auch ein Gefühl für das, was »gut« und was »schlecht« ist. Manchmal ist es auch eine Atmosphäre, für die man ein Gespür entwickeln kann. Vielleicht hat man uns zu lange auf der Grundlage festgeschriebener Gesetze gesagt, was richtig ist und was nicht, sodass sich das Gespür dafür nicht ausreichend oder nicht optimal entwickelt hat. Dieses Gespür hat übrigens einen Namen: Gewissen.

VERGEBUNG

Vergeben heißt nicht vergessen, heißt nicht einfach darüber hinwegsehen oder »Schwamm drüber«. Wirklich vergeben geht ganz anders. Da schaut man nämlich im Gegenteil sehr genau hin auf das, was schiefgegangen ist, was einer guten, strömenden Beziehung im Wege stand. Wenn möglich benennt man den Missstand auch ganz konkret, um dann – nach gegebener Zeit, wenn die Wunden weniger brennen – zu sagen: »Dies wird für uns nicht das Bestimmende sein. Für uns soll das, was verbindet, mehr wiegen.« Das ist »vergeben«, ein ganz aktiver und bewusster Prozess, der nichts überschlägt, sondern anerkennt, was war, und doch der Liebe den Vorzug gibt. Mit Liebe, wohlgemerkt, ist nicht nur die leichte, immer gute Schmuseliebe gemeint, sondern die Liebe, bei der man sich gerade in die Augen blicken kann, die Wahrheit sucht und erträgt, auch wenn sie schmerzhaft ist; die durchhält und treu ist, die man geschenkt bekommt oder sich manchmal erkämpft; und eben auch die Liebe, die man gibt, die »ver-gibt«.

WEIHNACHTEN

Fest der Geburt Jesu, Geburtstag also. Bei den Begriffen »Ostern« und »Pfingsten« habe ich schon ein wenig zu Weihnachten gesagt, und erläutert, wie alle drei Feste zusammenhängen. Vieles an der Weihnachtsgeschichte ist symbolhaft, manches auch Legende. Wenn man in der Bibel nachliest, wird man sehr leicht feststellen können, dass zwar von der Krippe berichtet wird, was ja eigentlich nur sagen will, dass es in dieser Welt keinen rechten Platz gab für das, was wirklich wichtig war, was ihre Rettung bedeutete. Aber die ganze Geschichte mit dem Stall, mit Ochs und Esel und so weiter, stammt aus einer alttestamentlichen Vision des Propheten Jesaja, davon steht in der Geburtsgeschichte kein Wort: folkloristische Übertünchung – aber sei's drum.

Das (wie ich finde) wirklich Umwerfende der Weihnachtsbotschaft ist, dass gerade mitten in der Nacht, mitten im tiefsten Dunkel, etwas Neues anfängt, etwas Neues geboren wird: ein ganz kleiner Ansatz nur, der erst einmal wachsen muss, äußerst verletzbar ist, eigentlich noch gar nicht spruchreif – aber es gibt ihn, diesen neuen Beginn! Und das Tolle daran ist, dass Weihnachten nicht einmalig ist. Damit meine ich nicht, dass dieses Fest jährlich am 25. Dezember wiederkehrt, sondern dass es in jedem Leben mehrere solcher »Weihnachtsmomente« gibt, wo wirklich Neues geschieht, das kaum einer wahrhaben will und das das Potenzial hat, die Welt auf den Kopf zu stellen.

WUNDER

Wunder brauchen Zeit, und die meisten Wunder geschehen, ohne großes Aufsehen zu erregen. Manchmal kann man ein Wunder zum Beispiel an einem Menschen geschehen sehen, der in der richtigen Atmosphäre regelrecht aufblüht; man kann auch Dinge in der Natur entdecken, die wahre Wunder sind. Das Wichtige an einem Wunder ist nicht das Unerklärliche, sondern dass es etwas ist, das über sich selbst hinausweist. Etwas ist nicht ein Wunder, weil wir es physikalisch oder wie auch immer nicht erklären können, sondern weil wir darin etwas erkennen und erspüren können, was von Gott kommt. Das macht das Wunder aus. Das gilt auch für die Heilungswunder im zweiten, im »Neuen« Testament: Was dort von Jesu Wirken berichtet wird, ist nicht die Sensation, der magische Zauber, sondern dass sich in ihm Gottes Kräfte zeigen, die über das menschliche Verständnis hinausgehen. Wunder haben immer Symbolgehalt, sie stehen nicht für sich selbst, nicht für das einmalige Ereignis. Und schon gar nicht für krumm gebogene Gabeln oder Sensationsmeldungen auf dem Niveau der Bild-Zeitung. Das Wunder daran ist höchstens, dass es Menschen gibt, die für so etwas immer noch Geld ausgeben.

ZÖLIBAT

Ich finde Zölibat, zölibatäres Leben toll. Ich habe es selbst über 20 Jahre praktiziert, ich weiß, wovon ich rede. Dabei geht es darum, dass ein Mensch – oft in Gemeinschaft von Gleichgesinnten wie Ordensbrüdern oder -schwestern – sich ganz und gar seiner Aufgabe, seiner Berufung widmen will und dies auf eine Art und Weise, die ihm Ehe und Familienleben nicht vergönnen. Der Mensch möchte darin ganz eigene Wege gehen und seinen Geist wie seinen Körper der Liebe, Gott, zueignen. Es gibt viele Arten, Liebe zu leben, der Zölibat ist eine davon und bei Weitem nicht die schlechteste.

Was aber schlecht ist, ist einem Menschen, der sich authentisch zum Priesteramt berufen fühlt, diesen Zölibat aufzuerlegen. Das ist im Grunde genauso abwegig wie umgekehrt eine Zwangsverheiratung. Aber genau genommen geht die katholische Kirche (Protestanten kennen diese Verbindung von Amt und Zölibat nicht) dabei etwas subtiler vor. Sie sagt nicht: Wer Priester werden will, muss zölibatär leben (und männlichen Geschlechts sein – aber das ist eine andere Geschichte), sondern sie sagt: Wir wählen unsere Priester nur aus dem Kreis derjenigen, die nicht nur zum Priester berufen sind, sondern die darüber hinaus auch noch bereit sind, zölibatär zu leben. Damit – und das ist ganz typisch für das Vorgehen der Amtskirche – macht sie sich die Finger nicht schmutzig und setzt doch mit Macht und Gewalt durch, was seit dem elften Jahrhundert verkündet wird. Die ersten tausend Jahre Christentum waren das Priester- und Bischofsamt nicht an den Zölibat gekoppelt. Es gab in der Zeit eine Menge Entgleisungen und Fehlverhalten, und so hat man das Amt reformiert und sich dabei an den Klöstern, an den Orden und deren Zucht und Ordnung orientiert. Das mag für die damalige Zeit vielleicht (!) gut gewesen sein, aber damit ist es das für die heutige längst nicht mehr. Eine simple Unterschrift des Papstes unter ein entsprechendes Dokument würde reichen, um diese unselige Koppelung von Amt und Zölibat wieder aufzuheben, und damit wäre noch nicht einmal irgendein Unfehlbarkeitsdogma gefährdet. Warum geschieht das nicht? Gerade vor dem Hintergrund, dass der Priestermangel gravierend ist. Echte Gründe kann ich so gut wie keine erkennen. Dass man zölibatär leichter verfügbar ist für den Dienst in der Seelsorge, widerlegen die vielen evangelischen Pfarrerinnen und Pfarrer seit einigen Hundert Jahren. Aber natürlich sind einsame und vereinzelt dastehende Männer weitaus leichter anzubinden und zu regieren. Für sie ist die Kirche dann die Mutter, die unberührte und unberührbare Maria die Frau und der Bischof der Vater und Freund. Ach du lieber Gott!